検証・関西生コン事件①

挑戦を受ける労働基本権保障

編者―連帯ユニオン
著者―熊沢 誠（甲南大学名誉教授）
吉田美喜夫（立命館大学名誉教授）
宮里邦雄（弁護士・元日本労働弁護団会長）

一審判決（大阪・京都）にみる
産業別労働運動の
無知・無理解

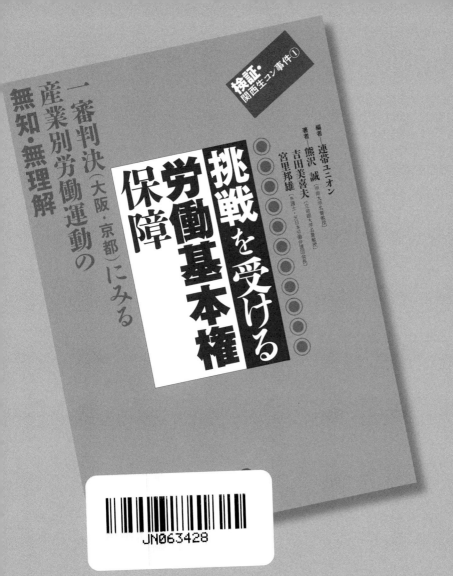

刊行にあたって

全日本建設運輸連帯労働組合書記長
小谷野　毅

「関西生コン事件」がはじまってから四年目となります。

関生《かんなま》支部（全日本建設運輸連帯労働組合関西地区生コン支部）を標的として、大阪広域生コンクリート協同組合（大阪広域協組）が日々雇用組合員の就労拒否（四〇〇人以上）、正社員組合員の解雇、業界あげての団交拒否を開始したのが二〇一八年一月。このあからさまな不当労働行為の尻馬に乗って、滋賀県警が半年後の二〇一七年七〜八月にかけて組合員と生コン業者ら一〇人を恐喝未遂容疑で逮捕しました。その後、大阪、京都、和歌山の三府県警が、二〇一九年一一月にかけて、じつに一一の刑事事件を仕立てあげ、のべ八九人もの組合員と事業者を逮捕。数え上げるとじつに計一八回も逮捕劇がくりかえされ、のべ七一人が起訴される事態に発展しました。いずれも、ストライキやビラまき、建設現場の法令違反を調査、申告するなどして公正な取引環境を実現するためのコンプライアンス活動、破産・倒産に対して雇用確保を求める工場占拠闘争など、あたりまえの労働組合活動が、恐喝未遂、恐喝、強要未遂、威力業務妨害といった刑事事件とされたものです。

業者団体と警察・検察が表裏一体となった組合弾圧、それが「関西生コン事件」です。

これに対し、歴代の労働法学会代表理事経験者を多数ふくむ七八人の労働法学者が二〇一九年一二月、憲法二八条の労働基本権保障や労働組合法の刑事免責を蹂躙する警察・検察、そしてそれを追認する裁判所を批判して「組合活動に対する信じがたい刑事弾圧を見過ごすことはできない」とする声明を公表しました。全国各地の一二〇人超の自治体議員の抗議声明、弁護士一三〇人の抗議声明なども出されます。また、自治労、日教組などの労働組合や市民団体がつくる平和フォーラムが母体となって「関西生コンを支援する会」が結成されたのをはじめ、各地で支援組織が二〇一九〜二〇年にかけてあいつぎ結成されます。「関西生コン事件」は関生支部だけの問題ではない、労働組合の権利そのものを脅かす事態だという認識が広がっています。

さらに、冒頭に述べた一連の解雇、就労拒否、団交拒否に対抗すべく関生支部が申し立てた二〇件近い不当労働行為事件において、大阪府労働委員会が二〇一九年秋以降、あいつぎ組合勝利の救済命令を下しています。その数は命令・決定一二件のうち一〇件（二〇二一年四月現在。大半が中央労働委員会に再審査事件として係属）。団結権侵害を主導した大阪広域協組の責任が明確になってきました。

一方、一一件の刑事事件はその後、各事件の分離、併合の結果、大阪、京都、和歌山、大津の四地裁において八つの裁判に整理され、審理がすすめられ、現在までに、大阪ストライキ二次事件（二〇二〇年一〇月）、加茂生コン第一事件（同年一二月）、大阪ストライキ一次事件（二〇二一年三月）の三つの一審判決が出されています（別表参照）。

これら判決は、労働委員会事件で出された勝利命令とは対照的に、いずれも労働組合運動に対する浅薄

「関西生コン事件」刑事裁判の現状

	事件	被告	事件の内容	現状
1	大阪１次事件（大阪地裁）	七牟礼副委員長ほか６名	2017年12月ストライキにおける組合活動が威力業務妨害とされた（現場組合員）	21年3月15日一審判決→控訴
2	大阪２次事件（大阪地裁）	西山執行委員ほか１名	同上（役員ら）	20年10月8日一審判決→控訴
3	大阪２次・フジタ・コンプライアンス併合事件（大阪地裁）	武委員長	2017年スト（威力業務妨害）、コンプライアンス活動など（恐喝未遂、恐喝）の３事件を併合	21年3月30日論告・弁論 同年7月13日判決予定
4	加茂生コン第１事件（京都地裁）	安井執行委員ほか１名	組合加入で正社員化を要求したことや保育園入所のための就労証明書を要求したことが強要未遂とされた（現場組合員）	20年12月17日一審判決 →控訴
5	加茂生コン第２・近畿生コン・ベストライナー併合事件（京都地裁）	武委員長 湯川副委員長	雇用確保のための工場占拠闘争などが強要未遂・恐喝未遂・恐喝とされた	公判前整理手続
6	和歌山広域協組事件（和歌山地裁）	武谷書記次長ほか2名	元暴力団員らを差し向けて組合を威嚇した業者団体理事長に謝罪を求めた抗議行動が強要未遂・威力業務妨害とされた	20年8月第１回公判ののち期日間整理手続。 21年4月22日 第2回公判 22年2月3日 論告・弁論 22年3月10日判決予定
7	コンプライアンス活動など第１グループ事件	湯川副委員長ほか５名	フジタなど建設会社５社の現場でのコンプライアンス活動などが恐喝・恐喝未遂・威力業務妨害とされた	検察側立証が終了 21年4月から弁護側立証へ
8	コンプライアンス活動など第２グループ	西山執行委員ほか８名	コンプライアンス活動とビラまきが恐喝未遂・威力業務妨害とされた	期日間整理手続中

な理解と認識をもとに、大阪広域協組の約束違反や企業の不当労働行為を免罪する一方で、産業別労働組合としての関生支部の正当な活動を敵視するものとなっています。

そこで、この機会に、あらためて「関西生コン事件」とはなにか、また、これら不当判決の問題点はなにかを、労働組合運動にたずさわる活動家のみなさまをはじめ、弁護士、研究者、ジャーナリストのみなさまに一緒に考えていただくために、裁判や労働委員会に提出された研究者の鑑定意見書などを収録した『検証・「関西生コン事件」』を随時発刊することにしました。

控訴審において無罪判決を勝ち取るために努力するのはもちろんのことですが、不当判決を反面教師として、先達が築いてきた労働運動の諸権利を学び直し、新たな運動を創造していくことが私たちに求められていると考えます。本書がその手がかりとして活用されることを願ってやみません。

なお、本巻収録の各論稿の初出などは次のとおりです。

・熊沢誠「まともな労働組合の受難」……各刑事裁判で提出された鑑定意見書。『労働法律旬報』一九七五・七六号（二〇二一年一月合併号）

・吉田美喜夫「「関西生コン事件」と労働法理」……加茂生コン第一事件（京都地裁）に提出された鑑定意見書をもとに、一審判決を受けて加筆修正。

・宮里邦雄「大阪ストライキ事件判決批判」……『労働法律旬報』一九七九号（二〇二一年三月上旬号）掲載原稿に大阪第一次事件判決を受けて加筆。

目次

大阪ストライキ事件判決批判──産業別労働組合についての無知・無理解　宮里邦雄　83

まともな労働組合の受難
――全日本建設運輸連帯労組関生支部刑事訴追裁判鑑定意見書

甲南大学名誉教授
熊沢　誠

序にかえて

二〇一八年の夏以来、全日本建設運輸連帯労働組合関西地区生コン支部（以下、関生支部）は、関西四府県の検察庁によって一連の刑事訴追を受けている。ひとつの労働組合に対する国家権力の抑圧としては、問題とされる組合活動の側面の多様性、逮捕され起訴された組合員の規模、その追及の厳しさにおいて、憲法二八条にもとづいて労働三権を保障する労働組合法を擁する日本の戦後史のなかでは、それは、まことに異例の刑法上の問責ということができる。そして二〇二〇年九月の今、各地の地方裁判所では、このいくつかの刑事訴追の適否が問われようとしている。

関生支部と弁護人の依頼にもとづく私の「鑑定意見書」では、この一連の刑事事件について結局は訴追の正当性、適法性を疑問視する。とはいえ、私の専門研究分野は、労働法ではなく、労働組合・労使関係の理論と実態であるゆえ、私の関心は、事件にまつわる関生支部の具体的な言動の法的な解釈ではなく、主として検察、副次的には警察の労働組合や労使関係に関する認識の検討にほかならない。関生支部という労働組合を刑事訴追によって日本社会のなかで「許されざる存在」として否定することは、生コン業界の労使関係の安定と労働者の生活権保障という点から見て正当であろうか？　それはおよそ労使関係というものの意義を否定する、労働組合潰しの弾圧という性格をまぬかれがたいのではないだろうか？　私の関心はそこに帰着する。

労働組合とは、権力や財産に恵まれないふつうの労働者多数に一定の生活水準、なかまとの絆で結ばれた居場所、圧迫のおびえから自由な発言権を享受させる不可欠の機構である。それゆえにこそ、その団体交渉や争議が企業の「営業の自由」に一定の制約を及ぼすとしても、それを承認することがおよそ民主主議を標榜する先進国が到達した認識であった。その点、いずれ後に考察するように、関生支部は、国際的な基準に照らして「ふつうの労働組合」であるばかりか、現在の日本では例外的なまでに「まともな労働組合」なのである。

この意見書の構成は以下のとおりである。**1**では、関生支部の組織と行動についての検察の認識に、労使関係論・労働組合論の定説にもとづいていくつかの批判を述べる。あわせて市民としての素朴な疑問も記したい。次に**2**では、生コン産業のおかれた環境のなかでの関生支部の「まともな労働組合」としての創意ある営みを掬いあげる。**3**では、まず、なぜ、いま警察や検察はこのような刑事訴追に着手することが可能だったのか、その背景に思いをいたす。次いで、裁判官の判断いかんが、これからの労働者の生活や日本の民主主義のありように及ぼす、深刻な影響を考えてみる。

細部の法的解釈に立ち入らないとはいえ、やはり、1の始めには、主な事件の概要、具体的にはどのような事件が罪に問われたのかを、主として検察側の裁判資料にもとづいてまずは概観しておくことが必要であろう。

1　検察および警察のみる関生支部
――視点の歪み・視野の狭窄

(1)　主要事件の概要

◆滋賀　フジタ事件

二〇一七年三月、準ゼネコンのフジタの施工するチェリオコーポレーションの物流倉庫増設工事において、関生支部組合員が工事現場の「軽微な不備に因縁をつけ」るコンプライアンス活動（以下、CP活動。後に説明）を繰り返し「業務を中断させた」。その背景には、協同組合と関生支部の合意・協定する生コンの価格の相場での契約をフジタに拒まれた湖東協同組合が、執拗なCP活動によってフジタにいやがらせしてほしいと関生支部に依頼した「事実」があったという。二〇一八年七月一八日（第一次、湖東協組副理事長らの逮捕）から二〇一九年二月（第五次）まで、武委員長、湯川副委員長を含む組合員の大量逮捕。二〇一八年八月〜二〇一九年三月にかけては、業者五人を含めてのべ二五人の起訴。罪状は恐喝未遂と威力業務妨害である。

なお、大津地裁が扱うCP活動は、二〇二〇年八月、第一グループ（湯川副委員長以下五名が恐喝、恐喝未遂、威力業務妨害の罪に問われるフジタ、セキスイ、日建、東横イン、タイヨーの併合事件）、第二グループ（西山執行委員ほか八人が恐喝、威力業務妨害の罪に問われるフジタ大阪支店前のビラまき事件）に分けられた。また、武委員長のCP活動に関する責任追及は、大阪第二事件（次項参照）と併合され、大阪地裁で恐喝罪、恐喝未遂罪の有無が審議されることになる。武分離裁判ともよばれる。

◆大阪（A）宇部三菱大阪港SS事件、（B）大阪中央生コン事件

二〇一七年一二月、関生支部は四月に協定した「輸送運賃値上げの約束」が守られないことに抗議して大規模なストライキを敢行する。同月二二日には、検察によれば、関生支部は、A事件では、宇部三菱セメントのサービスステーション（SS）のバラセメント輸送等を請負っていた植田組などの協同組合未加入企業によるセメント出荷業務を妨害し、B事件では、会社がそれまで専属契約を結んでいた（関生支部組合員の在籍する）近酸運輸を排除したことに抗議して、組合との間に「労使関係のない」企業、北神戸運輸のミキサー車の出入りを妨げたという。二現場あわせて二〇一八年九月から一〇月に二八人の組合員が逮捕、二〇一八年一〇月から一二月にかけてのべ一五人が威力業務妨害で起訴されている。弁護団によれば、それらは「威力業務妨害」の名に値する行為であったとはとてもいえないという。

◆京都　加茂生コン（村田建材）第一次事件および第二次事件

二〇一七年一〇月から一二月にかけて、関生支部は、村田建材で働く、組合員・「嘱託」運転手の正社員化、一時金支給等を求める団体交渉を要求するとともに、保育所に提出する就労証明書を求め、その交渉すら拒否する会社を厳しく追及した（第一次事件）。村田建材はその追及を避けて「廃業」を表明。関生支部は、廃業の真偽を確かめる「監視」を続けた後、避けられない倒産の解決条件として組合員の仕事を保障するミキサー車一台を要求した（第二次事件）。二〇一九年六月一九日、組合員五人が逮捕され、同年七月一〇日、強要未遂、恐喝未遂で起訴されている。

◆京都（A）近畿生コン事件、（B）ベストライナー事件

A事件、B事件ともに、会社が廃業・破産申し立ての意向を示したとき、関生支部は、A事件では施設や機材が協同組合未加盟の企業の手にわたらないように、B事件では、廃業阻止と雇用保障を求めて京都協同組合に働きかけ、職場占拠による事態の推移の監視や、会社・協同組合への交渉を通じて、組合員の雇用を保障する協同組合傘下の企業への就職斡旋と、関生支部への解決金を求めた。難航の末、A事件では二〇一六年一一月頃、解決金六〇〇〇万円で、B事件ではそれより以前の二〇一四年八月頃、雇用保障と解決金一・五億円で決着する。しかし二〇一九年七月一一日、京都協同組合は近畿生コン事件について刑事告訴することを決議。すぐさま武委員長と湯川副委員長のふたりが、A事件については同年七月一七日に逮捕、八月七日に起訴、さかのぼってB事件についても同年九月九日に逮捕、同年九月二五日に起訴された。罪名はいずれも恐喝であった。

◆和歌山　和歌山広域協同組合事件

かねてからこの地域の業界からの関生支部の放逐を画策していた和歌山広域協同組合理事長のMが、もと暴力団員を使って組合事務所周辺を徘徊・監視させていたことに対し、これまでいくたびも暴力団の攻撃に耐えてきた関生支部は危機感を抱き、二〇一七年八月二二日、複数の組合員が協同組合事務所に赴き、抗議して謝罪を求めた。これは「脅し」であり業務の妨げもあったとして、県警は二〇一九年七月二二日、三人を逮捕、同年八月九日、強要未遂と威力業務妨害の罪で起訴している。

(2)　検察庁の状況把握にみるいくつかの偏り

以上に、刑事訴追に到るそれぞれの事件の概要を簡単に記した。そのうえで克明な弁護側の反証や関生支部の事態報告文書を、市民感覚と労使関係論の定説に照らして読めば、各プラントで生起した事柄の真偽に関する検察庁の判断には相当のゆがみや歪曲が含まれると感じざるをえない。その例を順不同で摘記してみよう。

その一。たとえば大阪事件。関生支部の行動は、「ストライキ決行中」などお構いなしに現場に出入りする、協同組合未加盟の「アウト」企業の車輛に対して、ストライキへの協力、業務停止を呼びかけることであった。それは争議権として保障された当然の説得ピケである。関生支部は日本の判例では一般に非合法とみなされる業務阻止の実力行使は一貫して避ける方針であったし、事実、大阪港SSでも大阪中央生コンでも、スト破りする企業の業務阻止は行なわれていない。不可避だったいざこざはむしろ、SS側とセメントメーカー側の組合側を凌駕する人員動員による、関生支部の説得を妨害する行動の結果である。

「威力業務妨害」はフレームアップ（事件の捏造）のようである。

その二。検察は、たとえば加茂生コン事件や和歌山広域協同組合事件に典型的にみるように、関生支部の組合員動員や交渉時の怒号、暴言などを針小棒大に拾い上げ、関生支部を「こわい組織」であるとする印象操作を繰り返している。組合のいくらか乱暴な言葉は、会社による組合員差別や交渉拒否など不当労働行為に対する怒りの反作用であり、それ自体、強要、恐喝の訴追に際して十分に考慮されるべき背景の事情にほかならないが、検察の追及には、関生支部へのはじめからの敵視のゆえか、しかるべきためらいがない。また、たとえば一連の事件の発端であるかにもみえる湖東協同組合副理事長がフジタとの不成功だった交渉の終わりにつぶやいたという「大変なことになりますよ」という発言も、その真意は裁判の一争点ではあれ、組合側の検証や本人の証言を虚心に読めば単なるセールストークのように思われ、これをもって、協同組合と関生支部の共謀によるＣＰ活動を手段とするフジタの業務を妨害する行動の契機とみなし、恐喝未遂の立件につなげようとする検察の論理には、いかにも無理がある。

異様なことに、捜査や逮捕を担当する警察の部署も通例の警備公安ではなく、フジタ事件、加茂生コン事件などでは暴力団対策などに携わる「組織犯罪対策課」であった。それ自体、関生支部を「こわい組織」と印象づける煽りとなる。そして大津地裁も軌を一にして、湖東協同組合事件の公判では二〇一八年一二月から二〇一九年七月まで、検察側証人が「恐怖を感じないように」、衝立で傍聴席から遮るという措置までとっている。

その三。検察は関生支部のコンプライアンス（ＣＰ）活動を、道路使用許可のないカラーコーン設置、仮囲いの境界から一㎝ほどのはみ出しなど、取るに足りぬ「不備に因縁をつけ」てアウト企業の業務の妨害を試みる方便とみなす。だが、現実にフジタの工事現場では、タイヤがすり減るなど危険なダンプカーの出入り、移動式クレーンの吊り荷下での作業遂行、クレーンの転倒防止策の不十分さ、専任の管理技術者の不在など、法令の罰則つき違反の事実があった。(1) CP活動とは、道路交通法、環境法令、労働安全衛生法などに関する職場の違法な実態を業者に指摘し是正させる、国際的にも承認される組合の日常的な営みである。それは生コンの品質維持や長時間労働規制などの役割も担う。活動は基本的に争議の現場に限られない。

安全衛生の無視や品質の劣悪さや過重な労働負担は、すぐれて無理な低コスト経営の結果である。それゆえ関生支部のCP活動が、協同組合未加盟の企業による労使合意の相場価格（労使関係的には「適正価格」とみなしてもよい）以下での業務を阻止するという大切な目的を含みもつことは間違いない。私の推測では、だから検察はCP活動をあえて「業務妨害」の「方便」とみなしたいのだ。関生支部のCP論におけるる安全衛生・品質維持の目的と価格破壊防止目的との関連づけについては2であらためて考察する。しかし、さしあたっての私の見解は、CP活動には社会的に評価されるべき独自の意義があること、さらにいえば、日本におけるピケ行動の厳しい法的規制を考慮すれば、CP活動はたとえ「方便」であっても擁護されるべきことである。

その四。検察は、関生支部のストライキの目的が輸送費を引き上げる約束の履行ではなく、検察側証人の「被害企業」の言うところを鵜呑みにして、はじめから解決金取得、つまりカネだったと主張する。この点についてはしかし、いくつかの廃業をめぐる争議において、関生支部は労働者の雇用確保のために総じて事業継続を要求するのに対し、むしろあくまで事業閉鎖に固執する会社のほうが金銭解決を求めてきたという経過が一般的である。ちなみに恐喝罪に問われたベストライナーでの金銭解決も、組合員の雇用確保を重視する関生支部と廃業を臨む会社との、難航する団体交渉の最後の妥結点であった。ともあれ検察はときに、関生支部はあたかも「いちゃもんをつけて、みかじめ料をとる」反社会的な団体であるかのようにみなしさえしている。

(3) どうしても疑問に思われること

では、一連の刑事訴追について納得できないことに、少しまとめて立ち入ってみる。第一に、すべての「事件」について、「犯罪」行為が行なわれたとされる時点、または時期と、逮捕時点との大きなずれである。(1)の「概要」をみれば、そのずれは、フジタ事件のもっとも早い逮捕でも一年五ヵ月、大阪港SS事件では九ヵ月弱、中央大阪生コン事件では九ヵ月余、加茂生コン事件では一年八ヵ月余、決着した近畿生コン事件では二年八ヵ月余、同じくベストライナー事件では実に五年余、そして和歌山広域協同組合事件では一年一一ヵ月である。

奇妙ではないだろうか。たとえば大阪のストライキ事件、滋賀のフジタ・コンプライアンス事件では、現場には警察官も居合わせたのに現行犯逮捕はない。多少のいざこざはあっても暴行はなかったからであろう。私は法的手続きというものに見識をもたないが、事件発生と逮捕の間の大きな時間的なずれは、その間に警察や検察が、関生支部の行動を刑事事件にするために、会社や協同組合を執拗に取り調べ、その過程であえて関係者の「被害者感情」を引き出して、刑事上の告訴に導き、あるいは告訴の了解を取り付ける——そんな経緯を十分に推測させるのである。関生支部との「共謀」が疑われる協同組合の場合には、理事などに関生支部の不当な実力行使を怖れていたゆえの労使協力だったと語らせ、一種の「司法取引」による罪の軽減（フジタ事件では執行猶予）を示唆することもあっただろう。「推測」と書いたのはもちろん、こうした検察の働きかけは決して公表されないからだ。裁判資料はわずかに、京都協同組合が、被疑者あるいは参考人として執拗に取り調べられた末、二〇一六年一一月に解決金を支払って決着した近畿生コン事件について、二〇一九年七月一六日に刑事告訴状を提出したことを記している。逮捕はその翌日であった。もっとも、二〇一七年一二月のゼネスト以来、関生支部との公然たる対決を決意したかにみえる大阪広域協の対応はもっと早く、もっと自発的であった。大阪広域協は二〇一八年六月、関生支部の武委員長らをストライキ中の威力業務妨害罪で大阪府警に刑事告訴し、受理された。逮捕はその直後である。

以上は、警察・司法権力の民間労使関係への不当な介入の、しかも不当労働行為に奔る経営側とのまことに緊密な連携の、明白な証拠ということができる。

上記と関連して、一連の事件に関する裁判資料を通読して第二にいぶかしいのは、不当労働行為というものの指摘が弁護側の文書には頻出するのに、冒頭陳述など検察側の文書では、それが完全に無視されていることである。

およそ司法判断が事件の背景というものに留意すべきであるなら、刑事訴追されている関生支部のいくつかの行動の背景には、たとえば、加茂生コン（第一）での組合員の処遇に関する団体交渉の拒否、中央大阪生コンでの組合員の働く専属運輸会社の撤去（仕事外し）などの不当労働行為が認められる。加茂生コン（第二）、近畿生コン、ベストライナーなどいくつかの廃業に伴う労使紛争でも、当該会社での組合員へのかねてからの差別待遇という不当労働行為に対する関生支部の激しい抗議行動を避けるための廃業・破産表明に端を発している。思えば、民事の界隈ではあれ、「黄犬契約」、仕事外しの組合員差別、団体交渉拒否、労使協定無視などの多様な不当労働行為こそは、労働者生活にとってなによりも深刻で直接的な脅威なのだ。その現実を直視するなら、疑いを容れない不当労働行為の事実に対する関生支部のしかるべき憤激に満ちた交渉や折衝における執拗さやいくぶん乱暴な発言は、たとえ強要や恐喝を訴追するにしても、その所以や背景が十分に考慮されるべきなのだ。

しかし、検察はこの道理を顧みず、むしろ各所の「被害企業」の経営者のかたくなさを「毅然たる態度」と賞揚する。一連の刑事訴追はむしろ、業界に瀰漫する不当労働行為を擁護するかのようである。大阪広域協は、二〇一八年六月、関生支部や武委員長を刑事告訴するとともに、それにさきがけて一月、傘下企業に連帯労組（関生支部）との接触・面談を禁止（違反の場合は「厳正な対処」）する通達を発した。それ以降、各社は協同組合から生コン製造の割り当てを受けられなくなることを怖れて、組合員をミキサー車に乗務させない、組合員の「本勤」（正社員）を解雇する、日々雇用の「直行」を雇止め（就労拒否）する、関生支部の上部団体である連帯近畿地本との労供契約や「連帯系企業」との輸送契約を解除する——などの不当労働行為に狂奔することになる。その結果はまことに、労働者の雇用と生活の容赦なき破壊であった。そして大阪広域協の不当労働行為の強行は、和歌山広域協同組合にも、二〇一九年七月には京都協同組合にも及ぶのである。

すでに述べたように、一連の逮捕は、大阪広域協が関生支部排除の公然たる不当労働行為を宣言した半年後である。警察・検察はこの労組法違反をまったく問題にしていない。そればかりではない。組合の状況報告や関西生コン事件に関する国家賠償請求（二〇二〇年三月一七日）の訴状が具体的に明らかにするように、警察や検察は逮捕された組合員に対し、関生支部脱退を迫っている。その慫慂は実に家族にまで及んだ（たとえば、滋賀県警刑事、大阪地検検事）。関生支部の「反社会的な性格」を語り、子どもの将来を考えよと説教し、脱退すれば釈放も可能だとそそのかす……。「警察の活動は……不偏不党……を旨とし、いやしくも日本国憲法の保障する個人の権利及び自由の干渉にわたる等その権限を濫用することがあつてはならない」（警察法二条二項）。この条文に照らせば、これは異様でおぞましい国家権力自身による不当労働行為（労働組合法違反）にほかならない。それは、共産主義者に執拗に転向を促す、かつての治安維持法下の特高の取り調べさえ想起させるのである。

いずれにせよ、関生支部の存在と行動をめぐる、反組合の協同組合および会社と、警察および検察によって行使された不当労働行為を無視するならば、不当労働行為自体は刑法上の罪ではないにしても、事件の全状況を偏見なく公正に把握しなければならない裁判所の判示は致命的な不公平さをまぬかれないことになる。

(4) 関生支部に対する検察の総括的な認識

(3)でみた不当労働行為という側面の無視は、労使関係論の視点ではいかにも異様に感じられる。しかし、警察・検察にとっては案外そうではないのかもしれない。

なぜだろうか？　推測するに、検察は関生支部を、不当労働行為をしてはならない「ふつうの」あるいは「まともな」労働組合とみなしていないからだ。ちなみに「ふつうの」と「まともな」の相違は実は深刻であり後にくわしく論じるけれども、ともあれ、ここで関生支部に対する検察の総括的な認識を裁判資料で確かめてみよう。

加茂生コン事件に関する「証明予定事実記載書」のなかで、京都地方検察庁の検事・塩野谷高と中野裕史は、関生支部を、業務提携する協同組合に加入しない業者（アウト）にさまざまの嫌がらせを行なう一方、加入業者（イン）からは出荷量に応じた売上金の一部を取得する組織と決めつけている。この規定はそれこそ言いがかりの域を出ていないが、塩野谷と検事・渡邉かおりはまた、加茂生コン第二事件、近畿生コン事件、ベストライナー事件をまとめて扱う裁判への「証明予定事実記載書二」において、もう少し深刻な内容をもつ批判的な把握を試みている。

関生支部は、生コン業者を標的として、労使交渉等と称して過剰な賃上げなどを要求し、生コン業者がこれに応じないと、「スト」と呼ばれる生コンの出荷を妨害する行為や、「コンプラ」と呼ばれる生コン業者や施工主に些細な法令違反を指摘して工事を妨害する行為をし、妨害行為をやめるための条件として、解決金などの名目で生コン業者に対して多額の現金の支払いを要求し、支出させることをくりかえしており、（上の三事件に関わる――筆者注）京都協組に加盟する会社に対しても同様の行為を行っていた。

ここでは関生支部は「まともな」労働組合ではなく、ストライキやコンプライアンス活動と「称する」業務妨害によって金銭を獲得する反社会的集団の如くである。歪曲と偏見に満ちた規定であり、関生支部の組織と運動の「ふつう」と「まとも」を扱う2において、私は全面的な反批判を試みるだろう。ここでは、関生支部をこのように暴力団まがいの反社会的集団と規定しなければ刑事立件ができないという、加茂生コン第一事件への吉田美喜夫「鑑定意見書」の喝破を共感をこめて紹介しておきたい。

さて、大阪港ＳＳや中央大阪生コンでのストライキについての検察庁の冒頭陳述は、上の規定に則してこう述べている――団体交渉の対象や争議行為が正当化されるのは雇用関係が存在する企業との間だけであり、輸送運賃の値上げは争議の正当な目的たりえない、関生支部のストと称する業務妨害の目的は、組合の要求に「堂々と抵抗する大阪広域協執行部」に敵意や危機感を募らせ、その大阪広域協などを掌握することにあった、それは威力業務妨害罪の構成要件に該当し、違法性が阻却される余地もない、と。検察側のあるべき労使関係というものに関するそれなりのイメージがここでそれなりに明らかになったということができる。以下、そのイメージ、労働組合・労使関係の規範的認識について、要点ごとに検討を加えることにする。

(5) 団体交渉と争議の「許される」範囲――その視野狭窄

検察庁はいくつかの事件をめぐる関生支部の行動の違法性を指摘するにあたり、交渉や争議のターゲット企業と関生支部との間に「労使関係がなかった」ことを繰り返し議論の出発点としている。大津事件ではフジタとＣＰ活動の対象になった工事請負企業、ふたつの大阪ストライキ事件では、大阪港ＳＳに出入りして説得ピケの対象となった植田組、ダイワＮ、中央大阪生コンおよび北神戸運輸、加茂生コン事件では村田建材、和歌山事件では広域協同組合の中心であったＭ経営の諸社（以上、(1)参照）などである。これらは、例外はあってもたいていは関生支部組合員のいない、協同組合に加盟していないアウト企業とほとんど同義であるゆえ、この立論は、関生支部は、この意味での「アウト」企業の業務に関わってはならないというに等しい。

組合の機能範囲のこうした限定は、検察側が、組合員を雇用する個別企業の、主として正社員の労働条件にだけ介入する、日本に特徴的な企業別組合を唯一の「理想型」とする組合認識からくるように思われる。たとえそうした視野狭窄の組合論を採るにしても、最高裁でさえ、朝日放送事件への判決（最高裁第三小法廷判決一九七五年二月二八日）において、雇用する社員ではない派遣労働者についても派遣先企業を「使用者」とみなして労働条件交渉の応諾を命じたことを忘れてはならない。しかしここでもっと大切なことは、関生支部は、生コン企業、輸送企業に働く労働者を、雇用形態を問わず、企業横断的に組織する個人加盟の産業別または業種別組合にほかならないという事実である。私見では、関生支部は、全員加盟の職場組織をベースとする産業別組合と、産業内の特定職種のみを組織する職種別組合の中間に属する「業種別組合」と規定するのが正確であるが、それはともかくここでのキー概念は個人加盟の「企業横断的」組合という性格である。検察官たちは、日本とは違って先進諸国では、産業別組合、業種別組合、職種別組合、あるいは、所属を問わず誰でも入れる一般組合など、要するに企業横断組合のほうがふつうであること、そして関生支部がその種の労働組合であることを知識として知らないわけではないだろう。関生支部は、生コン業界のおかれた産業の条件と、そこで働く労働者の切実なニーズから、自然に、またそこに工夫を加えて業種別組合の形態を選んだ。だが、なんらかの意図をもって検察は、おそらく無理を承知で、関生支部を日本によくある、企業の業務をいささかも妨げることのない企業別組合に切り縮めようとしている。関生支部は検察にとって「許されざる労働組合」なのだ。

中央大阪生コン事件の鑑定人、榊原嘉明は、労働法学の定説、先進諸国の労使関係の実態と司法の対応などの丹念な検討を通じて、産業別組合の場合、労働組合の団体交渉および団体行動の相手方と対象事項、つまり交渉テーマや争議目的は、組合員の使用者（役務提供契約の相手方）など通例の労使交渉テーマに限定されないことを説得的に論じている。こうした合法枠の限定外しがなければ、業界団体に加入しない未組織企業も、個人として組合に加入しない未組織労働者も存在する産業に不可避の、「共通規則」以下の製品価格と低賃金によるぬけがけ営業やスト破りを防ぐことはできないだろう。産業別組合はそれゆえ、業界団体と統一交渉をもち、そこでの統一協約の内容を当該産業の規範とさせようとする。そして西欧のいくつかの国では、その協約の規範的内容が、「協約の拡張適用」の法制を通じて、業界団体外の企業にも未組織の労働者にも適用されることを、国家は承認してきたのである。

産業別組合たる関生支部の団体交渉と争議の「正当な対象」を企業別組合のそれにあえて閉じ込めることが、仮に検察あるいは日本国家にとっていま枢要の要請ではあっても、建設・運輸・港湾などに生きる労働者にとっては、この閉じ込めは実質的に労働組合活動の根絶やしであり、労使関係の破壊にほかならない。それに今ひとつ、検察庁はしばしば協同組合を「使用者」と認めない。たしかに関生支部の相手方は大阪広域協などではなく、別組織の経営者会である。しかし、協同組合を使用者外とすることは、関生支部の企業横断的な雇用保障などについては実情にそぐわないのである。

⑹ 労働争議の目的とテーマ——国家権力の介入⑴

検察庁は、関生支部の大阪での争議行為、ストライキについて、第一にその目的・テーマを、第二にその行動形態を不当であると断じている。

第一点。検察官は、冒頭陳述において、「輸送運賃の値上げは争議行為の正当な目的となり得ない」と述べる。輸送運賃は生コン業者やセメント企業など輸送受託者と輸送業者の契約によって決まるべきもの、輸送業者との間にたとえ「労使関係」があっても、労働組合が輸送業者の取引先である輸送受託者と交渉する筋合いのものではなく、まして取引先の業務を妨害することなど許されない……。より深刻なことは、争議行為の目的は「団体交渉の対象として実現しうる事項、すなわち、労働条件その他経済的地位に関する事項および労使関係の運営に関する事項、使用者がその立場で支配できるものに限られる」と、検察が断定していることだ。さらに弁護側は輸送運賃の値上げが賃上げの原資として必要であると主張するが、賃上げ原資の確保の方法は使用者の判断事項であり、労働組合の関知することではないともいう。

⑸で論じたように、業種別・産業別労働組合の争議テーマは本来的に、通常の労使交渉事項、つまり狭義の労働条件に限られない。しかし労使関係論の定説と諸外国の労働運動の現実はさておいても、実際、関生支部組合員のミキサー運転手の賃金はなによりも輸送運賃の関数であり、しかもその輸送運賃は、協同組合や関生支部の規制・介入がなければ、セメント会社、ゼネコン、アウトの有力生コン企業と中小零細の輸送業者との、力関係において非対称的な取引関係のなかで、低く抑えられることは確実である。それゆえ関生支部は、生コンそのものの価格とともに、またはそれに次いで、輸送運賃を引き上げる協定獲得に腐心してきたのである。その成果を「要求と協定集成」の原文で確認しよう。使用者側は大阪兵庫生コン経営者会である。

＊（一立方メートルあたり生コン価格）一八〇〇〇円の実行とともに、「バラセメント輸送運賃、生コン輸送運賃の引き上げを実行する」（二〇一〇年確認書）

＊「輸送運賃は、（二〇一〇年の引き上げの）合意を前提に、労使双方の参画する「適正価格検証委員会」において決定する」（二〇一五年協定）

＊（組合要求の「輸送運賃ガイドライン」に回答して）「大型車輛一日四六〇〇〇円を上限とし、傭車料金を三〇〇〇円増額する」（二〇一六年協定）

＊輸送運賃の最低基準の確立について、「本年四月一日より大型一台あたり四〇〇〇円増額する。ただし、業界の動向を見ながら四月中にガイドラインを示す」「バラセメント輸送については運賃を四八〇〇円／t（立方メートル換算で一六〇〇円）の引き上げが必要であるとの考えを経営者として取引先（セメントメーカー、販売店等）へ発信する」（二〇一七年協定）

二〇一七年一二月の輸送運賃の引き上げを求める大規模なストライキは、二〇一七年四月一日の協定がなかなか実行されないこと、換言すれば、協定違反への抗議でもある。争議目的の国家による恣意的な限定は、およそ民主主義国家が遵守すべき民間労使関係についてのルール、すなわち協定の実在に象徴される経営者会と関生支部の間の尊重すべき労使自治への不当な介入である。

検察は、こうした協定もすべて、関生支部による業務妨害への怖れから経営者会が渋々応じたものであり、尊重に値しないと強弁するつもりであろう。そう推定するのは、会社の一方的な破産申し立てに伴う関生支部の対応を「恐喝」とみなした二〇一六年の近畿生コン事件に関しても、検察は、会社と関生支部の間には当時、企業縮小・移転・閉鎖などに際しては、会社は、状況や労働条件変更の可能性などについて「事前に組合に通知して交渉し、一致点を見つけるよう努力する」という二〇〇九年の協定が実在したことをまったく無視しているからである。少なくとも民間産業については、争議のテーマも含めて、検察庁が労使自治・協約自治に容喙することは国家の不当な権力行使にほかならない。

(7) 労働争議の形態——国家権力の介入(2)

第二点。検察官は、大阪事件の冒頭陳述において、争議の「態様」について、たとえそれが、組合員が所属する会社の非組合員に対する行動であったとしても、立ちふさがるなどの行為で車輌を停止させ、出入りを阻止する行為は、争議行為として許容できないと論告する。ストライキの「本質」は労働者の契約上の労務提供の集団的な不履行以上のものではなく、使用者側の自由意志を抑圧し、あるいはその財産に対する支配を阻止するような行動をとることは許されない……。そこまではしばしば見られる「実力ピケ」違法論にすぎないが、検察はここでは、さらに無視できないことに、「使用者は、ストライキの期間中であっても、業務の遂行を停止しなければならないものではなく、操業を継続するために必要とする対抗措置をとることができる」と、労使関係安定の基礎となる労使慣行をふみにじるスト破り行動を公然と擁護する。だからいっそう、大阪港SSや中央大阪生コンにおいて、「人の自由意志を制圧するに足る勢力を用いて」(?)、「使用者の下で業務を継続しようとする」アウト企業の非組合員による車輌の運行を阻止しようとした行為は、説得活動の範囲を超え、威力業務妨害の構成要件に該当するというわけである。

関生支部には、ストライキによって生コンやバラセメントの製造や出荷を阻止する必要があった。それゆえ組合員の働く生コン工場での就労停止とともに、何人かの組合員がセメントメーカーのSSに赴き、SSに出入りする植田組などのバラセメント車の運転手にストライキへの協力を呼びかけたのだ。後に述べる事情から組合は「ピケッティング」という用語を使っていないとはいえ、それは労働組合の決して手放すことのできない思想としてのピケの戦略であり、その方法は、方針上も実行上も、欧米の激しい労働争議では考えられないほど穏和な説得に徹していた。(2)で記したように、検察庁は組合行動を針小棒大に非難するが、若干のもめごとは、セメントメーカーや大阪港SSが行なった組合員数を凌ぐ動員による説得ピケの妨害の結果、つまりアンチユニオニズム側の意図的な「自作自演」のようである。威力業務妨害どころか、そこにいた警察官もなんら関生支部の行動に規制を加えていない。

労使関係に関する検察の「理論」も実態把握も予断と偏見に満ちている。このような理解がまかりとおるなら、およそ労働運動の死命を制するピケッティングは、穏和な説得ピケも含めて不可能になるだろう。

そのうえ、警察と検察は、**2**で紹介する関生支部の「産業政策」の日常活動であるコンプライアンス活動を、ひとえに関生支部との労使関係を拒む企業による業務を妨害する手段と一面的に捉え、CP活動それ自体を一掃しようとしている。滋賀県警は、フジタ事件で逮捕された組合員に対して、「コンプラ活動は二度とやらせない」「現場ごとに事件にする」とすごんだものである。事実、二〇一八年秋から二〇一九年七月にかけて、セキスイハイム近畿、日本建設、東横インの工事現場では、コンプライアンス活動が威力業務妨害として次々に事件化されている。(2) CP活動、いやそれを行なう関生支部に対する、それは異様なまでにゆがんだ敵意というほかはない。

(8) 組合潰しの諸相

私はこれまで、関生支部の活動に対する刑事訴追を、法的側面からというよりは労働研究の視角から、訴追の背景にある検察庁の民間の労使関係と労働組合に対する認識のあまりの歪曲、視野狭窄、無理解を端的に指摘することによって批判してきた。その批判は、2における関生支部の組織と運動に関する考察によって裏打ちされることになる。しかし、2に入る前に、あからさまな「組合潰し」ともいうべき関生支部に対するすさまじい加圧の諸相を、法的側面も含めてまとめておくべきであろう。もっとも、これまでの文脈上すでにふれたことの繰り返しもあり、またここは関生支部側の論陣が一致して指摘するところであるゆえ、私の記述は簡単な箇条書き風にとどまる。労働組合法、刑事訴訟法などにもとる権力行使と、それにお墨付きを与えられた大阪広域協の不当労働行為の合力が、関生支部を包囲している。

(1) 一八の事件に関して累計八九人（うち業者八人）の逮捕、六六人（業者五人）の起訴。特定の被告については複数の逮捕・起訴。武委員長と湯川副委員長はそれぞれ、各地の事件を共謀したとしていくたびも逮捕・起訴を繰り返され、二〇一八年夏のはじめての逮捕から二〇二〇年初夏の保釈までの勾留期間は、武は六四一日、湯川は六四四日の長きに及ぶ。

(2) 警察と検察は、逮捕者の取調べの際、1(3)で述べたように、黙秘の不利益を示唆し、「反社会的組織」の関生支部からの脱退を強く促す。逮捕された業者には、関生支部の不当性を認めるなら罪は軽減すると、事実上の司法取引をもちかける。組合脱退の慫慂は「家族の心配」も理由とし、また家族への直接の接触も行なわれる。国家権力による公然たる不当労働行為（労組法違反）である。

(3) 被告人の保釈にあたり裁判所は、メールや電話、連絡、会見、相談など、関生支部とのいっさいの接触を禁止するという、異例の「保釈許可条件」をつけている。

(4) あらためて詳述するまでもない、各地の生コン業者は競って、大阪広域協に追随して、関生支部とのいっさいの労使関係を絶ち、組合員の就労を拒む全般的な不当労働行為を辞さないようになった。検察庁は、労働委員会の救済命令などお構いなしに、企業の関生支部に対する要求拒否や絶縁を「毅然たる態度」と賞賛している。

関生支部はこうして、大阪広域協（資本）と警察・検察（国家権力）の謀略めいた緊密な連携による労使関係の破壊・組合潰しの諸策に追いつめられ、存在そのものを否定されようといている。スジが通らなくても関生支部は潰せ、武建一らを放逐せよというが如くである。

では、そもそも関生支部とは、どのような労働組合なのだろうか。

2　労働組合・関生支部の実像

(1) 労働組合の「ふつう」と「まとも」――評価基準の欧米と日本

多くの中小企業が、大企業との取引契約を求めて価格引き下げの競争に奔り、どの企業でも働ける一定水準の技能をもつ流動的な労働者たちが、仕事の供給価格（賃金）を競争的に切り下げても雇用を求める。そのような状況のなかにある産業は、この時代の産業社会に決して少なくはないが、世界の労働者の体験知の示すところ、そうした産業に形成・確立されるべき労働組合組織は、企業横断的な産業別・業種別組合であった。[3]この意味では、日本の生コン業界もまさに、そのような状況にあった産業であり、関生支部は、そんな産業の条件にふさわしく、自然に、しかし懸命の努力と工夫を通じて形成された業種別組合であった。検察の組合組織観は、産業の条件に規定されたこの「ふさわしさ」に寸分も思いをいたしていない。

関生支部は、現代日本に広く普及している、企業との対抗性を基本的に失っている企業別組合を「ふつう」で正当とみれば、「ふつう」の労働組合ではないかもしれない。しかし、関生支部は、世界的な基準に照らせばむろん「ふつう」の労働組合であり、その組織、政策（要求）、行動の実践を検討すれば、現代日本の労働運動にこそ復権されるべきすぐれた特質を備えた「まともな」労働組合ということができる。検察は、日本的な基準で「ふつう」の組合なら許すけれど、日本の「常識」を超える「まともな」労働組合は根絶やししなければならないと考えているかにみえる。

以下、1(5)、(6)、(7)の記述と比較・対照させて、組織、政策（要求）、行動の順序で関生支部の実像を見てゆく。

(2) 企業横断・業種別組合組織の正当性と卓越性

関生支部は、関西の生コン業界で働く主としてミキサー車運転手を、企業の枠を超えて個人加盟で組織する産業別または業種別（以下、「業種別」と規定）労働組合である。日本の労働界ではふつう産業別組織（単産）は企業別組合の連合体にすぎないが、関生支部は「全日本建設運輸連帯労働組合」に属するとはいえ、単一組合として、企業の枠を超えるだけでなく、組織対象の労働者は雇用形態の区分も超えている。すなわち、①本雇い（無期雇用・フルタイムの「正社員」）のみならず、②直行（特定企業と常用的に日々雇用契約を結ぶ就労者）も、③組合との労働者供給事業契約による就労者も包括する。ちなみにミキサー車運転手の七割は②③からなる非正規労働者であり、ほとんどが日雇い手帳をもつ日々雇用労働者なのである。

高度経済成長の一九六〇年代、ミキサー車運転手は日給制で、生コンを輸送する回数に応じて賃金が加算される歩合給であった。一ヵ月の残業時間は二五〇～三〇〇時間に及ぶこともあり、年間休日も三日ほどにすぎなかった。一九六五年の関生支部結成は、このような業界と労働者の環境を克服しようとする工夫と努力の産物であった。

「特定企業の正社員であることを組合員資格とする」ふつうの企業別組合と比較すれば、企業横断的な関生支部の組合組織としての卓越性はすぐに理解できる。

第一に、企業別組合の場合、産業によっては年々の賃上げ基準などについて単産の統一交渉は行なわれるとはいえ、団体交渉は基本的に企業別であり、労働条件は究極的にはそれぞれの企業の「支払能力」に従属して決定される。単産の統一交渉も大企業の範囲内であり、近年ではその要求・妥結の統一性の後退もみられるという。それゆえ日本の労働界では、とくに低成長期において、労働条件の企業規模間格差の維持・拡大はまぬかれない。中小企業を含む賃金の標準化を可能にするような関連下請企業の「支払能力」の維持、具体的には下請単価の切り下げ阻止や下請企業の労働時間の短縮に役立つような納期の緩和などを、親企業の企業別組合が求めることはない。この文脈で、次に述べる関生支部の「産業政策」の企図を想起されたい。

　産業別・業種別・職種別組合が「ふつう」であるヨーロッパでの労働組合と経営者団体との統一交渉またはパターンバーゲニング（業界の代表企業との交渉結果を自動的に同業他社にも適用する交渉方式）に、企業間格差を容認する思想はない。統一交渉の結果としての企業横断の労働協約は、その産業の労働条件の規範と位置づけられ、いくつかの国では、その規制力は「協約の拡張適用制度」によって未組織労働者にも及ぶことが法的に承認されさえしている。この彼我の相違が、労働条件の巨大な企業間格差を日本だけにみられる宿痾としている。

　第二に、日本で「ふつう」の企業別組合は、日本の労働世界のもうひとつの宿痾である正規雇用者と非正規雇用者との著しい処遇格差に棹さしてもいる。両者の賃金格差の代理指標になる「フルタイム労働者と比較した短時間労働者の賃金比率」は、二〇一七年の日本で五九・四％、欧州七ヵ国の七〇～八六％という水準をかなりに下回っている。(4) 非正規労働者の低賃金こそは二〇一五～二〇一六年、年収二〇〇万円以下のワーキングプアが一一三一万人、貯蓄ゼロ世帯が四八％にも及ぶ貧困者の累積をもたらし、下層に分厚い格差社会をもたらした根因にほかならない。しかし、その格差がまさにそこから生まれる職場にある企業別組合はなお、非正規労働者を総じて非組合員とし、傍らで働く非正規労働者の被差別的な待遇を傍観し続けている。基本給の決定方式の改革を棚上げした空疎な「同一労働同一賃金」改革のもと、今のところ改善されたのは諸手当や企業内福利の利用権の「均等化」だけだ。企業別組合は、正社員と非正社員とは「人材活用の方法」や「将来の期待」の違いを異にするという経営者の位置づけを無批判に共有して、労働条件標準化という労働運動本来の思想を失っている。
労働者の全階層をなかまとする関生支部の組織論は本来的に正当である。そして蛇足ながら、労組法はむろん労働者の組合組織の選択を自由としており、業種別組合の関生支部の労働三権が国法の保護・適用を受けること、あらためていうまでもない。

(3) 労働組合・関生支部のいくつかの要求

関生支部の政策（要求）の検討に進もう。主資料は二〇一五〜二〇一七年の春闘時の要求と協定の合本（裁判資料、以下「要求・協定集」）である。協定の生コン価格と輸送価格に関わる部分はすでに1(6)に示したが、そこにかかわる、関生支部を際立たせそれだけに問題視もされる「産業政策」のくわしい検討にさきがけて、まずは、年々の賃上げ、労働時間短縮・休日増加、定年制の廃止などのありふれた項目を省き、関生支部の特質を現す、注目すべきいくつかの要求を摘記しておきたい。

その一。その組織の性格から当然ながら、関生支部は日々雇用「直行」労働者の処遇改善と雇用保障を重視する。たとえば、「本勤」（正社員）が欠勤する場合にはかならず日々雇用者を雇用する、二ヵ月通算二六日の最低就労日数を確保する、雇用確保のため車輌一台あたり一三日は稼働する、などである（二〇一五年）。いくつかの支流をもつこの系列の要求は、二〇一六年には人員補充要求と結びついた正社員化要求となる。すなわち、一車（乗務一・一人）の正規労働者配置、日々雇用者および有期雇用者は臨時的・短期的な業務の配置に限定、継続的な業務担当者は無期雇用の正社員にする、と。二〇一六年協定では、正規・非正規の比率が三：七と「不正常」になっていることを「労使の共通認識」とし、当面業界全体で五：五の比率に戻すことが、協定化されている。

その二。関生支部は女性労働者の条件整備に熱心であった。男女別トイレや女性専用更衣室の設置、有給生理休暇、企業のセクハラ対策などに留まらず、「就労機会において（性）差別を行わないこと」が要求されている（二〇一五年）。これらはほどなく実現された。竹信三恵子のレポート(5)によれば、ある二〇代のシングルマザーは友人に勧められてミキサー車運転手の仕事に応募したところ、職場ではすでに小型車七台のうち四台は女性の乗務だったという。総じて職場と労働に「マッチョ」な印象のある生コン業界における、それは刮目すべき組合要求の成果といえよう。

その三。関生支部による労働者供給事業の運営（労働者派遣）も、組合員の雇用保障の一環である。しかし、なんといっても重要なのは、この業界特有の企業の解散・閉鎖・倒産・統廃合など、総じて事業の整理・縮小に伴う、労働者の解雇・希望退職・出向・転籍・一時帰休・勤務形態変更、あるいは賃金などすべての労働条件の不利益変更への対策であった。関生支部は、こうした事態に際して、「事前に組合と協議し組合・本人とも同意の上で実施されること」「会社が経営再建をはかる場合には、組合をふくめた『経営再建協議会』を設置するなど組合と共同して再建策を検討する……」などを内容とする「事前協議・同意協定」を政策としたのである（二〇一六年）。この要求は二〇一七年にも続けられる。

この要求は、かつて個別企業では実現の例もあれ、産業全体では、大阪兵庫生コン経営者会との協定として達成されてはいないように思われる。組合としてはきわめて周到な要求である。だが、労使関係論の定説では、新技術の導入時などに他産業でもみられる事前協議制では、労働側の見解を熟慮・検討したうえで最終決定は経営側に委ねられるのがふつうであった。決定に労働側の同意が求められるなら、企業側はそこで経営権の侵害を鋭く意識するだろう。「これは労組による経営管理だ」という資本家に本来的な非難も噴出しかねない。関生支部擁護論としては、この記述はあるいは不要かもしれないが、あえてこの要求を紹介したのは、関生支部は、広義の廃業のプロセスと労働条件の影響について、完備した(同意条項なき)事前協議制ならば獲得・協定化することができ、それによってそれなりの労使関係の安定に寄与できたのではないかとの推測を禁じえないからである。

(4) 関生支部の「産業政策」

すでに周知のように、中小企業の生コン企業はともすれば、セメントを購買する「川上」のセメント大企業と生コンを販売する「川下」のゼネコンからの、取引力の非対称性ゆえの収奪を避けられず、その収奪のもたらす企業収益の不安定が、雇用する労働者のための賃金原資を乏しくさせていた。この関係を凝視して、関生支部は、六〇年代以降の通産省の政策でもあった業界の協同組合形成に協力し、協同組合を通じてのセメント企業やゼネコンへの「共同受注・共同販売」を支援してきた。そのうえで関生支部は、使用者の経営安定、具体的には、生コン価格や輸送運賃の引き上げや値崩れ防止を、賃上げなどとともに要求してきたのである。その限りでは、それはありふれた組合の要求ではなかったけれど、労働条件引き上げのできる条件をリアルに認識した創意ある営みであったと評価することができる。ちなみに日本と同様に協約の拡張適用の法制がないイギリスでは、産業別または職種別組合が、企業の枠を超えた協約賃金=「共通規則」の実効性を守るため、使用者組合と同盟して、組合規制に従わない企業に対して「組合特有の圧迫」を行使している(6)。

日本の生コン業界での、上述の産業政策の時代の変化を反映した成否——たとえば、関生支部の協力もあって協同組合化が進んだ関西では、関東より生コン価格も労働者の賃金も高く維持されていること、一方、大阪広域協では、なぜかこのような業界と関生支部の協力関係を拒む傾向が現れたことなど、そうした過程については、複数の裁判での弁護側反論で繰り返されているゆえ、あらためて記す必要はないだろう。ここでは経営者会への「政策要求」文書によって、関生支部が考える「あるべき生コン産業のイメージ」をふりかえってみよう。

「生コンクリートの品質確保・品質保証・安定供給を図るため、不当廉売等の価格破壊競争を抑制し、適正価格（経営者会・組合間の合意する価格）の収受を確立させること。……適正価格の実現においては、買い手（ゼネコン）の理解を得るため、技術開発、環境保全、教育、宣伝費等の経費など、原価公表をされること」（二〇一七年）。ここでの「適正価格」は生コン本体の価格だけでなく、生コンおよびバラセメントの輸送運賃も含んでいる。こうした業界秩序のイメージは多くの経営者も共有するところであった。二〇一七年協定に促されて、近畿生コン輸送協同組合が七月二七日、運転手の適正な人材確保の必要性という観点から、大阪広域協に運賃の値上げと（労働）諸条件についての協議の場の設置を「お願い」していることにも、それはうかがわれる。「運送事業者がドライバーの確保や待遇改善に取り組む原資は、輸送運賃に求める以外に方法がなく、生コンの販売価格のなかには生コン輸送コストをはじめとする適正なコストが原価構成のなかに積算されているとお聞きしております」、と。

そして繰り返すなら、二〇一七年一二月のストライキは、四月協定による輸送運賃引き上げの約束の実行を求めるものだった。しかしストライキが効力をもつためには、生コン業者の製造や出荷を阻止しなければならない。そこで関生支部の組合員は、組合員のいる職場では当然ストライキを遂行するとともに、輸送運賃の決定に力をもつセメントメーカーの営む大阪港SSに赴いて、SSに出入りするバラセメント運転手にストライキの参加を呼びかけたのである。説得ピケである。説得の対象は、当然のこととして、検察のいう「労使関係のない」企業であった。

しかしながら、ここが警察・検察による関生支部攻撃の中心点となる。たとえ「説得」であっても、また長時間の行為でなくても、「労使関係のない」企業の業務の阻止を試みるのは威力業務妨害になるというのだ。たしかに関生支部にとって望ましい業界のイメージには、狭義には業種別の協同組合未加盟のことであるが、より大切なことに、適正価格（労使合意の相場価格）を割る低価格で営業する、そしてたいていは組合との団交を拒むという重層的な意味をもつ「アウト企業」の、ソフトなかたちでの排除が含まれている。たとえば関生支部は、生コンの品質低下につながる価格ダンピングなどを排除し経営の安定化をはかる「共同受注・共同販売」システムを確立すべきことの系論として、経営者会に「員外企業」の協同組合加入促進を求めている。また、いま輸送運賃規制に焦点を絞れば、関生支部は二〇一五年以来、二〇一六年、二〇一七年の協定で一定達成された輸送運賃の最低基準要求の文脈で、この基準運賃を下回る傭車および業者車輌の出入りは禁止されたい、傭車契約は一括団体契約として、近畿生コン輸送協同組合を優先使用されたい、（労組の参加する）関西生コン産業政策協議会が推薦する傭車以外の出入りを禁止されたいと、経営者会に要求し続けてきたのである。

業界から「アウト企業を排除する」スタンスは、関生支部の他のいくつかの「政策要求」にも現れている。この組合政策の正否または可否について、私は行動形態を検討する後の(5)(6)において、現行法のしがらみや他国での労働者の体験などをふまえてもういちど論じるだろう。とはいえ、さしあたりこのようにはいえる。生コン業界の秩序なき過当競争のもたらす中小企業の経営不安定、「シャブコン」の頻出、労働者の低賃金での使い捨てなどを想定すれば、関生支部の望ましい産業の構想はまぎれもなくまっとうであり、多くの業者がそのイメージを共有するのは当然のことなのだ。この「労使協力」に外部から容喙することはできない。だとすれば、業種別組合員である関生支部が、「適正価格」以下の廉価でシェアを奪おうとするアウト企業、ときにストライキ破りも辞さないアウト企業を排除しようとすることはまったく自然な選択としなければならない。それにつけ加えたい。個人加盟の企業横断労組のストライキの場合、どこの国でも、企業や労働者の一定部分がスト破りに奔ることはひっきょう避けられない。そのスト破りたちにスト参加を呼びかけることを、検察のように、「労使関係がないから」といっさい認めず、威力業務妨害で訴追するのは、客観的にはおよそ労働争議権の実質的な否定になる。それは労使関係というものについての完全な無知の所為であり、もし無知でないとすれば、道理がなくてもとにかく関生支部を潰そうとする悪意の謀略ということができる。

(5) 労働争議形態論(1)

現代日本は、国際比較すれば、異様にストライキの少ない国である。二〇一〇年〜二〇一六年平均の争議損失日数(争議件数×参加人員)は一・一万日。同じ期間に、アメリカでは六八倍、イギリスでは四八倍、ドイツでは二三倍、そして韓国では七三倍の争議損失日数があった。[7] 日本のストライキは今やほぼ皆無である。労働者はすべてハッピーで、もう賃上げや労働時間短縮のために争議に訴える必要性がなくなったからこの大きな格差が生まれている、といえないことはいうまでもない。ここでくわしい分析はできないが、労働者の労働条件改善のニーズは九〇年代以降ひとしおなのに、日本の企業別組合では、ストライキはもうできなくなっており、また試みる気も喪っているかのようである[8]。

必要なときにストライキを辞さないことにおいて、関生支部は国際的な基準からみれば、現代日本では例外的に「まともな」労働組合であった。しかしこの突出が、ある意味では日本ではもう「ふつうの」組合でなかったことが、ストからまったく自由な「労使関係」を望む財界の意向を汲む警察、検察が安心して関生支部潰しのできる背景のひとつかもしれない。とはいえ、個別企業単位での組合員の労務提供拒否に留まるストライキならば、労組法八条に明記された民法上の免責もあって、司法権力も容易にこれを弾圧することはできないだろう。そこで、司法権力があえて労働三権をねじ曲げても刑事訴追を行なう争議行動は、「(企業別)労使関係のない」企業の営業、とりわけスト決行中のスト破り営業を阻止しようとする、抗議のピケッティングにほかならない。関生支部はそして正当にも、低い賃金や品質水準を招く廉価販売を行なう「アウト」企業の業務を阻止する非暴力のピケを敢行してきたのである。

あらためて主張したい。私はこうしたピケッティングを含む争議権の思想を断固として擁護する。それは世界の民主主義国家の労使関係が承認するに到った「黄金律」なのだ。これを蹂躙するならば、産業の全企業、全労働者を組合組織に統合しているわけでない産業別・業種別労働組合機能は空疎なものになる。とはいえ、ピケッティングこそは、もっとも直接的に企業の営業の自由・経営権を制約するだけに、それをどこまで刑事免責条項として法認するかについて、資本・国家権力と労働組合の間で長年の確執が避けられなかった。

たとえば、労働運動と労使関係の長い歴史をもつイギリスでは、一九世紀初等以来の一進一退の前史を省略すれば、一八七一年、労働組合の団結権、団体交渉権、民事訴追免責のストライキ権が承認された。だが、権力は抜け目なくまさに同じ年に、組合の細かいピケ行動を、「(営業) 妨害」「脅迫」「追跡」、「監視」、「包囲」として刑法上の罪に問う「刑法修正法」を策定している。それは労働組合にとって要求貫徹に不可欠なピケの具体的な行動を事実上不可能にする「スト破りの大憲章」であり、その後何年も、労働運動の力をつくした反対運動が展開される。その成果が、悪法を撤廃する一八七五年の「共謀罪および財産保護法」、それを確認する翌年の労働組合法である。そこで確立された労働争議の刑事免責の原則は、「一人で行ったとき不法でない行為を集団で (労働組合で) 行っても罪にならない」とする「黄金律」である。

イギリス労働組合はその後、一九〇六年の労働争議法によって争議の民事上免責を再確認し、さまざまの紆余曲折を経ながらも、労使関係および社会全体のありようを左右する強靭な力を蓄えてゆく。その力の源はストライキであったが、大きな争議では、日本では信じられないほど広い連帯の気風に支えられた、いくつかの横断組合の連携するピケットラインが敷かれる。争議中の産業・企業以外の関連産業にも働きかける「第二次ピケ」もめずらしくない。七〇年代末の実例をあげれば、タイヤ企業・ダンロップで組合の否認があれば、その工場の従業員のスト入りはもとより、そこに出入荷するトラックドライバーやダンロップのタイヤを取り付ける自動車労働者まで業務を拒否したものである。

私はこのような制約のないピケが資本主義体制に許され続けるとみなすものではない。「強すぎる組合」がイギリスの深刻なスタグフレーションの原因とみたマーガレット・サッチャーは、政権を奪取するとすぐに労働組合の力の削減を図る労組法改正に乗り出している。サッチャーの新自由主義的な政策のなかから、ここに関わる点だけを摘記するなら、焦点はやはりピケの容認度であり、ピケは人数を六人に制限するとともに、ピケが許されるサイトを「争議の当事者であり、かつ自分自身の使用者の土地や建物」での行使に厳格に限るものであった。この一九八一年の法改正は実現したが、サッチャーはその後も、一九八五〜一九八六年の炭坑大ストライキで、炭坑労働組合がスト入りをためらう地域の炭坑ばかりでなく、石炭を備蓄している鉄鋼企業や発電所にさえピケを張るなどの「違法行為」を繰り返し、しかも地域の司法当局が対応に消極的なことにいらだって、容赦なく警察権力を行使している(9)。

もっとも榊原鑑定意見書によれば、ドイツでは、労働組合が、ストライキ中に派遣労働者など外部の代替労働者を投入して営業を続ける小売店舗の業務阻害を試み、WEBで参加を呼びかけられた市民たちまで加わって、四五分〜一時間レジでの会計業務などを滞らせている。その行動に対して、連邦労働裁判所は団体行動としての適法性を認め、またその判示を連邦憲法裁判所もが合憲と認定したという。同種のすべての事件についてもそうだとはいえないかもしれないが、協約の拡張適用が法認されているドイツでの業務阻止行動としてのピケへの対応は、新自由主義者サッチャーのそれとは異なる位相にあるかにみえる。

ちなみにピケと同様に企業の業務遂行を妨げる職場占拠も、労働争議の一形態として基本的に擁護されるべきであろう。たとえば二〇〇七年、韓国のスーパーマーケットに働く女性六〇〇人は、非正規労働者の一方的な解雇に対して二〇日間、最大店舗を占拠し、その後のテント籠城などを含む五一〇日の闘いを遂行して、一二人の解雇者を出したとはいえ、新会社での非正規労働者二〇〇〇人の雇用を確保している(10)。労働者の過酷な体験の現実をみれば、承認されるべき労働争議は同盟罷業に限定されないのである。関生支部もまた、廃業に際しての争議では職場占拠を敢行している。

(6) 労働争議形態論(2)

日本の司法界では、とはいえ、「労働争議＝同盟罷業」論にもとづいて、穏和な説得を超える力の行使を伴うピケは基本的に非合法とされている。一九七三年、最高裁が、国労組合員が駅長の禁止を無視して信号所に立ち入り勤務員の業務を放棄させたという久留米駅事件の上告審において、違法性判断の基準を、「諸般の事情」から「法秩序全体の見地」に移行させ、組合員の建造物侵入罪と公務執行妨害罪を認定する判決(最高裁大法廷判決一九七三年四月二五日)を下したことがその画期である。[11] それ以降、幾多の多少とも「身体を張った」ピケはことごとく不法と扱われてきた。

この実力ピケ禁止の解釈の余地については後にもふれるが、ともあれ関生支部は、かつて類似の件で逮捕者を出したこともあって、アウト企業やスト破りの業務阻止に「威力」を行使することは慎重に控えている。二〇一七年のストライキにおいても、ピケという言葉はいっさい用いず、繰り返し述べたように大阪での具体的な行動は短時間のストライキ参加への呼びかけに限られていた。世界の幾多の労働争議における組合の果敢な行動をふりかえれば、関生支部の行動はまことに穏健というのが私の率直な印象である。大阪での刑事訴追は明らかに組合の行動に対するいかにも無理な法適用といえよう。けれども、いま関西の地で関生支部が体験している受難は、警察と検察庁が、滋賀のフジタ関係工事現場で展開されたコンプライアンス活動(CP活動)を、恐喝であり、「威力」による業務妨害の方便とみなしたことにも由来している。

CP活動を「威力」行使とみることは悪しき意図が込められた言いがかりであり、すでに例示したように実際にCP活動による摘発が必要だった現場環境も実在した。(12)CP活動はそれ自体きわめて有意義な組合活動である。

とはいえ、率直な私見では、検察があえてコンプライアンス活動を業務妨害の単なる方便とみなしうる一定の余地はやはりあるように思われる。関生支部における上述の重層的な意味をもつ「アウト」企業の正当な業務阻止とCP活動との関連づけが、論理と表現において次のように微妙だからである。

＊ゼネコンの価格ダンピングと品質軽視を規制し適正販売価格を実現することによる生コン業者の経営安定、労働者の雇用安定、建物の品質保証の「三位一体」を実現する産業政策。その日常活動がコンプライアンス活動である。(13)

＊過積載の追放、建設現場の週休二日制、「シャブコン」の追放、生コン車の路上洗車追放など（CP活動のこと）を生コン価格適正化実現の運動と「一体的に」とりくんできた。(14)

コンプライアンス活動は本来的に「労使関係のない」企業の工事現場において行使されてもいささかも違法性はない。それでも私は、上の引用文は日本におけるピケの法認の限度を意識した苦衷の表現と理解したうえで納得する。厳しい法的規制が、ある先入観をもてば「方便」とみなされもする行動形態を関生支部に選ばせたのだ。関生支部のこの苦衷に、検察は狡猾にもつけこんだのである。

二〇一五年五月、大阪高裁は、星山建設の工事現場でのCP活動の「主な目的」を、星山の取引関係者への加圧、生コンの搬入や工事関連業務の妨害、星山と関連輸送業者での労使問題に関する関生支部の要求貫徹などであったとみなした。にもかかわらず高裁は、工事現場での違法行為の実在、工事中断の程度、行為の態様などを勘案して、関生支部のCP活動を「社会通念上相当のもの」と判示している（大阪高裁決定二〇一五年五月一四日）。労使関係論の現実に目くばりのきいた、今回の大阪や滋賀での刑事裁判においても顧みられるべき、それはすぐれた司法判断ということができる。

それに、ピケについての最高裁判決以来のいくつかの司法判断が、基本的にピケを不法と認定するときも、量刑の判示に関わるいくつかの「諸般の事情」を考慮していることに注目しなければならない。最大の考慮要因としては、そもそものストの原因であった会社の「団交拒否」という不当な行為であり、ほかに「脱落組合員」を対象とする説得スクラムの継続時間、「妨害」行為の非暴力性、企業の損害の程度などがあげられる。[15] 今回の一連の刑事訴追について、検察は事件の背景としての団交拒否・協約無視などの不当労働行為という事実を徹底して無視し、関生支部の行動の所以や背景へのいっさいの考慮を拒んだ。私にとってそれが最初からのぬきがたい疑問であったことを、上の文脈上、ここに繰り返しておきたい。

3　関生支部弾圧の背景と司法判断の影響

(1)　関生支部弾圧の背景――財界の意向

関生支部組合員に対する警察と検察の逮捕・長期勾留から起訴の刑事訴追にいたるふるまいが、憲法二八条、労組法、刑事訴訟法、ＩＬＯ「結社の自由」勧告などに違反する、むしろ国家の不法行為が問責されるべき暴挙であることはもはや疑いを容れない。それは戦後史に例をみない常軌を逸した労働組合潰しということができる。その認識を弁護団や労働法研究者と共有したうえで、私は労働問題研究の視点から、この暴挙を裏打ちすると思われる、警察・検察の労働組合と労使関係についての認識にみる歪みや偏見や視野狭窄を、裁判資料での検察の言説と論理の分析（１）と、関生支部という労働組合の実像の把握（２）を通して検証してきた。これからは、この未曾有の弾圧の背景と判決の社会的影響について簡単な考察を加えたい。

背景の一つは、関生支部への財界の伝統的な嫌悪であろう。一九八一年、当時の経済界の労務対策の司令塔、日本経営者団体連盟（日経連）会長であった三菱鉱業セメントの元会長・大槻文平は、関生支部という労働組合は、「資本主義の根幹に関わるような」「組合運動の範囲を超えた」闘い、たとえば「セメントの不買なども」行なっていると「警鐘」を鳴らした。大槻にとっておぞましいこの組合は「箱根の山を越えさせない」とも宣言した。そのころ日本の労使関係では、急速に「労使協調」とストライキ離れが進行していた。そのことを諸外国にはない「日本の強み」として高く評価する財界にとって、関生支部のような組合は、いずれ潰すべき労働運動であった。こうした資本の意思は、その後も労務対策の底流であり続けている。

「物的証拠」を欠くとはいえ、ゼネコン業界は「資本の本能」として大阪広域協の関生支部排除を支持していると推測される。思えば「共同受注・共同販売」による関西の生コン価格の高さは、ゼネコンには直接的な損失にほかならない。小谷野毅[16]によれば、一立方メートルあたりの生コン価格は、一九九四年当時には、実に計算上の原価一・三九万円を下回る一万円以下であったが、大阪広域協の組織率がほぼ一〇〇%になった二〇一五年には一・一八万円、二〇一七年には一・五八万円、現在では約一・八万円である。推定される生コン需要量を勘案すれば、この価格上昇は、大阪の建設工事から得られるゼネコンの利益を三三〇億円減らしていることを意味する。ゼネコンには、生コン企業の協同組合と関生支部が結託する、生コン廉売の過当競争の規制が不都合なのだ。もっとも、価格上昇によって直接の利益をうる大阪広域協と傘下企業は、そのかぎりではゼネコンと利害関係を異にする。だが、大阪広域協とゼネコンやセメント大企業とは、関生支部型の労働運動の排除という点では、「資本の本能」を共有する。その方向での労務の強行に転じた大阪広域協の現在のトップたちが、協同組合の理念である「共同受注・共同販売」を今後とも護持してゆくとは考えられないのである。

(2) 関生支部弾圧を可能にするもの

しかしながら、上に述べた財界・資本側の意向は、関生支部排除の「必要性」ではあっても、いま、なぜ、それが可能であったかを説明できるものではない。その「可能性」についてはこう考えることができる。

その一つ。かねがね私には、関西四府県の県警や地方検察庁に、これほどの規模で、これほどの府県連携で、逮捕や起訴が行なわれうるのかがいぶかしかった。ある逮捕者の自宅の「ガサ入れ」の際、担当の警部補は、「おいらは本庁の指示でやっとんやからな……」とうそぶいたという。この伝聞を裏付ける「物的証拠」はない。しかし、これら憲法や労組法や刑訴法にもとる捜査や尋問や起訴は、府県単位独自で、県警本部長や府県の検事正のみが責任を負う独断専行で実行されたものではないのではないか。警察庁、最高検、法務省、官邸など、要するに上位の国家権力が、このいわば「国策捜査」に指示・監督・調整の立場で関与しているのではないか。ここでもその証拠はなく、現場の担当者がその間の事情を（少なくとも在職中に）証言することは決してないだろう。「上位レベルの関与」は、一連の刑事訴追について今後とも探索されるべき重要事項である。その点、二〇二〇年三月の国家賠償請求における被告、国・滋賀県・京都府・和歌山県の弁明が注目される。

もう一つ、「時代環境」の役割がより大きいと思う。この弾圧の「可能性論」として私がもっとも重視したいのは、現時点の日本の労使関係の「安定」、他の先進国に例をみない異様なまでの平穏さである。**2**(5)で述べたように、私たちの国ではいまや、ピケどころかストライキもほぼ皆無であり、その名に値する産業別組合も少なく、日本型一般組合ともいうべきコミュニティユニオンも職場の労働条件を変革する力に乏しい。企業別組合が非正規雇用者を含む労働者の切実なニーズを経営者に突きつけ、多少とも「営業の自由」を動揺させる行動をとることもほとんどない。現時点の政財界がこの労使関係のありようを高く評価する一方、国民の多数派も、労働運動によって生活向上や人権の擁護をはかる発想をもう忘れ去っているかにみえる。

二〇一〇年代末、労働をめぐるそんな時代環境のなか、いくつかのすぐれた特徴をもつ関生支部の運動は突出しており、ある意味では悲劇的にも孤立していた。その存在と機能が関西のブルーカラーの世界に限られて息づいているという事情もあって、多くの「国民」が関生支部に関心を寄せることもなく、日本型の「ふつう」の企業別組合を主勢力とする労働界の全国組織、連合や全労連にとっても、さらには伝統的に産業民主主義の不可欠性をそれほどは重視しない議会主義の諸野党にとっても、仄聞する関生支部の運動は「過激」と感じられていて、今回の関生支部潰しをただちに憲法や民主主義の危機と把握することはできなかった。そして弾圧のお先棒を担ぐ一部の右派ジャーナリズムをのぞけば、有力紙もまた、ことの重要性にまことに鈍感であった。

上からの明確な指示の有無はともかく、かねてから関生支部を潰す機会を伺っていた関西の警察や検察や大阪広域協にとって「時は今」だった。上述の二〇一〇年代末の労使関係、労働界、国民意識のありように照らせば、関生支部をこのように痛めつけても、他の労働組合、労働団体、市民運動、そして有力なマスメディアから強い抗議や反発を受けることはあるまいと、弾圧側は読んだのだ。財界全体にとっても、国家事業に関わる建設・運輸という大産業の一角に、関西の地に限られるとはいえ、流動的労働者層の自由な「活用」を規制するような労働条件の規範を樹立している関生支部は喉に突き刺さる「棘」であった。「棘」を引き抜くのは今だった。

弾圧の側の「読み」はさしあたり当たっていたというほかはない。1(8)に「諸相」をまとめた明かな組合潰しに対して、全国数ヵ所に労働者、市民、知識人など「左派とリベラル」の人びとによってこの組合潰しに反対する組織が結成され、弁護士団体、労働法学者、地方議員グループからは憲法、労組法の蹂躙に抗議する声明が出されている。とはいえ、同じ産業別組合の同志たる港湾労働組合や全労協を別にすれば、労働界「代表」の連合も、過去の組織上の確執にとらわれた全労連も、今回の事態を傍観し、すべての野党も正式には批判の表明なく沈黙を守っている。逮捕者・起訴者の規模と刑事訴追の厳しさにおいて常軌を逸した、国会が問題にしてよいほどの関生支部弾圧はなお、全国的な社会問題として浮上してはいないのである。

繰り返せば、関生支部は、日本によくあるという意味で「ふつうの」労組ではないが、国際的な基準に照らせば正当な組織・機能・行動を備える「まともな」企業横断の業種別労働組合である。「まとも」でも日本的な意味で「ふつう」でないから潰せと権力は居丈高である。フジタ事件での逮捕者、城野正浩の取調べのなかで多田副検事は、「一三年前とは違うんや」（それなりに正しい時代認識である！）と語り、組合をやめよとはいわないが、関生支部は「他労組、未組織労働者、現場で働く人たちや消費者、業界関係者などの意見を聞いて信頼される労働組合に変わるべきだ」と説教したものである。[17] 労働組合というものを本当に理解し関生支部の実像を把握したうえでの、それは説教だろうか？

(3) 判決の社会的影響

仮に裁判所が検察による今回の公訴提起を支持して関生支部の組織・機能・争議行動などを違法と認定し、被告人たちを有罪とするならば、どのような社会的影響が生じるだろうか。

まず、被告人たちは委員長、副委員長をはじめ組合運動を中心的に担ってきた人びとであるだけに、関生支部の弱体化は避けられまい。明瞭な「転向」の意思はなくとも、再逮捕を避けるための、あるいは「家族の幸せ」を慮っての、いやそれ以上に、権力に守られた大阪広域協の不当労働行為（組合員の就労拒否）によって生活できなくなったゆえの、やむなき組合脱退が相次いでいる。もともとの「アウト」企業でなくとも、大阪広域協の生コン企業が、関生支部とのふつうの団体交渉を拒む傾向も広がるだろう。関生支部の弱体化の余波はこの業界のありかた全体に及ぶ。組合と協同組合との「一面闘争・一面共闘」の労使関係で支えられていた「共同受注・共同販売」という生コン業界の秩序は崩壊に向かい、川上・川下の大企業の歓迎するような、中小企業の「適正価格」を無視した過当競争が激化するだろう。その過当競争は、生コンの品質や建設現場の安全・衛生を危うくするばかりではない。そこで働く労働者の賃金相場を顧みない過当競争を激化させると予測できる。

関生支部の協定はこの産業の労働条件のひとつの規範でもあった。ひとりの未組織労働者がある逮捕者Aを励まして言うことには、「連帯（関生支部）が転けたら輸送会社が軒並みあかんくなる……連帯が底上げしているからこそ傭車会社……とか一般の日々雇用の人……とかの賃金が上がっている。これで連帯が転けたら、やっぱり使用者側の条件に切り下がって行く……。だから組合さんのほうで頑張ってほしい[18]……」のだった。

ミキサー車運転手は、単純労働者ではないが長年の経験の必要な職人的熟練工でもなく、大型車の免許をもつ人ならば就業可能であるため、その労働市場は膨大な数のトラック労働者のそれと地続きである。さまざまの職歴を経て入職するトラック運転手は、賃金はそれほど低くないにせよ、歩合給の比率が高く、そのため並外れた長時間労働を余儀なくされている。一〜九九人規模の企業で働く人の比率が約六〇％に及び、また過半数は非正規雇用者、またはそのつど契約の自営業者。少数の大企業に企業別組合はあれ、大半のトラック運転手は未組織のままである[19]。

生コン業界にミキサー車運転手たちが樹立した企業横断の業種別組合・関生支部は、小企業の群生と労働者の必然的な流動性という状況にまことにふさわしい、いやそこに不可欠の組織と機能を営むまともな労働組合であった。たとえば、逮捕・起訴された大原明の語るところ、彼はアルバイトの雑業、（ブラック企業の）営業マン、多様な運送業など、いずれも永続的には働けない「流転の職歴」を経て、ミキサー車運転手になって関生支部に遭遇し、組合加入によってはじめて、たとえ日々雇用であっても、生活の安定と居場所と仲間と発言権を享受できたという。[20]

顧みれば、低賃金で、休日・休暇の取得もままならず、ろくに発言権もなく、「拾われ・捨てられ」の不安定・非正規雇用の労働者たちは、現代の日本にどれほど膨大なことだろう。建設業・運輸業・製造業などで働くブルーカラーのみではない。そうしたありようは、サービス業・飲食店・商店などの事務職や販売職にも、いや対人サービス部門の専門職にも広く普及している。それに、〈正社員の働きすぎと非正規労働者のワーキングプア化との相互補強関係〉に閉じ込められた彼ら、彼女らの労働生活の切実なニーズは、現代日本の「ふつうの」企業別組合の営む労使関係では掬われないのである。[21] この沃野にはまさに、企業横断組織と労働条件の規範をつくる機能を備えた関生支部のような労働組合こそが求められている。司法が有罪判決によって関生支部のすぐれた特質を否定する、あるいは関生支部を許されざる存在として社会から放逐することは、上に例示した膨大な不遇の労働者に、もうひとつの、よりましな労働生活のありようの希求を許さないことと同義である。

4　むすびにかえて

何度でも繰り返す――関生支部は、現代日本にありふれた「ふつう」の組合ではないにせよ、この産業と労働者のリアルな状況を熟考すれば、きわめて「まとも」な労働組合である。日本での「ふつう」は、世界の労働者の常識ではおそらく「まともではない」と一蹴されるが、関生支部の受難は、権力の側の視野狭窄と偏見にもとづく「ふつう」観によって、まぎれもない「まとも」さが否定されたところに生まれている。

私の「鑑定」はほぼ以上につきる。しかし蛇足ながら最後に、労働組合・労使関係の研究者としての私のいくらかの持論をごく簡単につけ加えよう。

今回の一連の刑事訴追、関生支部潰しには、現代日本のふつうの労働組合、ふつうの労働者は基本的に関心を寄せていないかにみえ、その無関心の状況こそ警察・検察の蛮行が関西の地でひそかに遂行できた背景のひとつであった。この「時代環境」を奇貨とした組合潰しの本質は、「突出」しても資本と権力への対抗に身体を張る、例外的に「まとも」な労働組合の社会的疎外・放逐であり、いささかも企業経営に脅威を与えない、権力側の定義する「ふつう」の「労働組合」のみが存続を許される「労使関係」への地ならしなのである。それは、ふつうの労働者にとって、それなくしてはおよそ民主主義というものが虚妄に堕する、憲法二八条および労組法に明記された産業民主主義（労働三権）の空洞化の強行と換言することもできる。その空洞化は、具体的には、労働争議についての刑事免責の極端な限定、それによる労働組合活動の正当性の限定、その結果としての民事免責の範囲縮小というかたちをとる。

先進国のなかでは例外的に、伝統的に産業民主主義思想の草の根が浅い日本では、一応は「民主主義体制」の内部でいま進行している産業民主主義の危機、すなわち「まとも」な労働組合運動の衰退は、さして気にするほどのことでないのだろうか？　だが、3(3)で例示したような恵まれない労働者の生活と発言権は、ひっきょう「まとも」な、ときには身体を張る労働組合活動によってしか救われはしないのである。

この刑事裁判はおそらく、控訴審、上告審に進むだろう。その過程で関生支部弾圧に抗議する声は、労働者、市民、知識人の間で、ゆっくりではあっても確実に広がり深まってゆく。そして同時にその過程で、都会のサラリーマンやOLたちや主婦たちも、みずからの労働と生活のリアルを顧みて、関生支部の追求していた労働者生活の望ましさと、それゆえにこそ権力がしかけた攻撃の本質に徐々に思い及ぼすようになるだろう。多数の労働者・市民もやがて、さしあたり関西のほこりっぽいブルーカラーの界隈のみで際立っていた関生支部の営みに対する弾圧反対の闘いが、決して自分たちの生活に無縁のことではなく、そのゆくえは、日本における産業民主主義の存否に、すなわち、多数の庶民がこれから労働状況を改善する自立的な営みができるかどうかに関わるということに気づくだろう。関生支部を封じ込めようとする勢力は、遠からず、そう気づいてゆく労働者と市民の批判のまなざしに封じ込められる。

(1) 連帯ユニオン編著『労働組合やめろって警察に言われたんだけど　それってどうなの』(旬報社、二〇二〇年)八二頁。
(2) 連帯ユニオン・前掲注(1)八三頁。
(3) 熊沢誠『労働組合運動とはなにか』(岩波書店、二〇一三年)五章参照。
(4) 労働政策研究・研修機構『二〇一八データブック　国際労働比較』(同機構刊、二〇一八年)。
(5) 竹信三恵子「ルポ　労組破壊――「関西生コン事件」とは何か(上)」『世界』二月号(二〇二〇年)二頁。
(6) シドニー&ベアトリス・ウェッブ(高野岩三郎監訳)『産業民主制論』(法政大学出版局、覆刻版一九六九年)二四四頁。

(7) 労働政策研究・研修機構・前掲注(4)より算出。
(8) 熊沢・前掲注(3)参照。
(9) マーガレット・サッチャー(石塚雅彦訳)『サッチャー回顧録(上)』(日本経済新聞社、一九九三年)一三〇頁。
(10) 外泊外伝編集委員会編『外泊外伝――ホームエバー女性労働者たち五一〇日間のストライキの記録』(現代企画室、二〇一一年)。
(11) 西谷敏『労働法(第二版)』(日本評論社、二〇〇八年)、西谷氏から筆者へのメール「ピケッティングについてのメモ(私信)」(未公開、二〇二〇年)。
(12) 連帯ユニオン・前掲注(1)八二頁。
(13) 連帯ユニオン・前掲注(1)八一頁。
(14) 全日本建設運輸連帯労働組合「関西生コン弾圧事件ニュース」一一号(二〇一九年七月)。
(15) 西谷・前掲注(11)参照。
(16) 連帯ユニオン・前掲注(1)九五頁。
(17)「逮捕組合員と家族の手記・手紙――組合によるヒアリング記録」(未公刊、内部資料)。
(18) 前掲注(17)。
(19) 熊沢誠『過労死・過労自殺の現代史――働きすぎに斃れる人たち』(岩波現代文庫、二〇一八年)二章2節(「トラック労働者の群像」)参照。
(20) 前掲注(17)。
(21) 熊沢・前掲注(3)、熊沢・前掲注(19)参照。

〈参考にした裁判関係資料〉

＊大阪ストライキ事件：論告要旨／弁論要旨、および追加／鑑定意見書（榊原嘉明）

＊加茂生コン事件：証明予定事実記載書／回答書／証明予定事実記載書二、三／証明予定事実記載書に対する求釈明書／予定主張記載書面／鑑定意見書（吉田美喜夫）

＊京都事件（加茂生コン第二事件、近畿生コン事件、ベストライナー事件併合）：証明予定事実記載書／証明予定事実記載書二、三、四／予定主張記載書面

＊和歌山協同組合事件：冒頭陳述要旨／証明予定事実記載書／予定主張記載書面一、二

＊武委員長分離裁判（大阪二次・タイヨー・フジタ事件併合）：弁護側冒頭陳述要旨

＊二〇一〇年確認書、二〇一五年～一七年の関生支部など組合側要求書および大阪兵庫生コン経営者会との協定・合本（弁護側証拠書類）

（二〇二〇年一一月脱稿）

「関西生コン事件」と労働法理
――「加茂生コン事件」を中心として

立命館大学名誉教授
吉田美喜夫

1　「加茂生コン事件」の概要と判決の検討視角

(1)　「関西生コン事件」と「加茂生コン事件」の概要

「全日本建設運輸連帯労働組合関西地区生コン支部」（以下「関生支部」と言う）の組合活動に対して、二〇一八年七月から一年四か月の間に、恐喝や強要、威力業務妨害などの罪名で、捜索・逮捕が繰り返された。その範囲は近畿二府二県に及び、逮捕・起訴事件数は一八件、その人数は延べ約九〇人（実人数は約六〇人）に上った（以下「関西生コン事件」と言う）。戦後まれに見る大規模な刑事事件である。

このような関西生コン事件のうち、ここでは主として「加茂生コン事件」（以下「本件」と言う）を検討する。「加茂生コン」（これは通称である）に関係する事件には、本件のほか、企業閉鎖に伴う生コンプラントの解体とミキサー車一台の要求活動が訴追された別件がある（本件を「第一事件」、別件を「第二事件」と呼んでいるが、ここでは、この表記を省略する）。

本件は、以下のような事件である。すなわち、加茂生コン（以下「会社側」と言う）で就業する日々雇用運転手の組合加入を受け、関生支部は、正社員化や一時金支給などを要求して団体交渉を申し入れた。ところが、会社側は、当該運転手は請負契約であるとして団交を拒否し続けた。そのうちに、組合員が子供を保育所に入れる就労証明書が必要な時期になり、その交付を求めたことに対して、過去四年間にわたって交付してきたにも拘わらず、会社側は、廃業予定を理由にこれを拒否した。本件は、団交応諾要求および就労証明書の交付要求が脅迫により義務のないことを強いる強要未遂罪に該当するとして組合役員などが起訴されたものである。そして、本件について、二〇二〇年一二月一七日、京都地裁において、執行猶予付きながら二人の組合員にそれぞれ有罪判決（懲役一年と懲役八カ月）が下された。

(2) 「加茂生コン事件」の検討視角

強要罪は、人を脅迫して義務のないことを強いることで成立するから、「脅迫」の存在と「義務のないことを強いたか」が争点になる。しかし、このような犯罪の構成要件を充たしていたか否かを問題にするだけでは、本件の検討としては不十分である。

本件に限らず、関生支部の刑事事件では、その捜査自体が主として暴力団を対象とする組織犯罪対策課によって行われた。また、取調べの過程で、家族も含めて組合脱退が働きかけられた。長期間の勾留の後の保釈では、組合との接触を禁じるなど組織破壊につながる保釈条件も付された。加えて、担当弁護士によれば、公判において、本件とは別の関西生コン事件を担当した裁判官が「労働法のことは不勉強でして」と発言するなど、労使関係で発生した事件が適切に審理されるかに疑問を抱かせる事情もあった。したがって、本件を単に「刑事裁判」と見るのではなく、少なくとも「労働刑事裁判」、より端的に言えば、「労働裁判」と見る必要がある。そこで、以下では、当然と思われるような基本的な労働法理を確認しつつ、本件判決の問題点について、労働法の観点から検討することにする。

2 労働組合の結成と形態

(1) 労働組合を結成することの意味——労働組合は何のために存在するか

最初に確認しておくべきことは、労働者が労働組合を結成する理由は何か、という点である。労働者の唯一の生活の糧は労働力である。労働者は、これをいずれかの使用者に提供して、その対価を得て生活する。この場合、労働力が特殊な性質を有する商品であることの理解が労働組合を結成する理由を考える場合の出発点になる。

その特殊性とは、労働力が生身の人間の活動する能力であるため貯蔵ができない点である。使用しなければ消えてしまい、売り惜しみが利かない。そのため、売る側である労働者の立場が弱くならざるを得ない。つまり、労働力の売買の条件は、働く条件でもあるが、それはどうしても買い叩かれる傾向を免れがたいのである。労働者が就職するに当たって交渉できる可能性が極めて低いのもそのためである。

労働者と使用者との関係は、このように労働力という商品の取引関係であるから、法的人格の平等、所有権の保障、契約の自由などを内容とする近代市民法の原則によれば、本来、対等であるべきだが、労働力の特殊性のため、そうはならない。そこで、対等な関係をどのようにして作るかが問題となる。労働者がばらばらに労働力を使用者に売る場合、買い叩かれることになる。しかし、労働力の独占体を結成して、これを通じてしか労働力を売らないようにすれば、使用者と対等に交渉して、労働力の対価である労働条件を有利に決めることができる。労働組合の本質的役割は、労働力の独占体として、労働者相互の労働力の安売り競争を規制する点にある。

(2) 労働組合の組織形態の意味――結集する労働力の範囲

およそ商品を有利に取引しようとすれば、できるだけ幅広く生産や流通を支配する必要がある。労働力の場合も同様であって、労働力の結集が多ければ多いほど交渉力を発揮することができる。組織範囲を広くする点で最も適合的な労働組合の組織形態は産業別組合である。製鉄や化学、繊維、造船など、一定の産業で働く労働者が一つの労働組合に組織されれば、その産業の労働力は組合を通じてしか手に入れられないのであるから、その産業の使用者団体と労働条件を対等に交渉することができる。そこで決められる労働条件は、あたかも国の立法と同じほどの適用範囲を設定することになり、社会に及ぼす影響も大きくなる。これが欧米諸国の一般的な組合形態である。

これに次いで強力な形態は職業別組合である。機械工、印刷工など一定の職業の労働者を組織する労働組合である。職業を共通にするということは、その職業で通用する一定の技能を有していることを意味するので、使用者との交渉力を高めることにも通じる。関生支部が組織しているのは、主として生コンミキサー車の運転手であるが、これを一つのクラフト（熟練技）と言えるかはともかく、これも大型の自動車免許の所持を前提とする熟練が必要な職業の一つである。

日本においても、戦後一時期、産業別組合を結成する方向が目指されたが、結局、ある企業の正規従業員だけを組織する企業別組合が支配的になった。企業別組合の場合、企業相互が競争関係に立つので、会社がつぶれては元も子もなくなるという意識から、使用者に対して組合は対立的であるより協調的な姿勢を取る傾向になる。所属企業の業績が自己の労働条件のあり方を規定するので、企業の業績を上げるために経営側に協力しようとする一方、企業を越えた団結活動には消極的な態度を生む。また、日本の経済構造においては、各企業がその業種や規模に応じてピラミッド型に編成され、上下の支配従属関係に立つ。そのため、たとえば下請け企業で組合を結成して賃上げを要求しても、それを使用者が飲むと、親会社や元請から余裕があるとみなされ請負単価の引き下げが要求されてしまう。中小企業で組織率が低い理由の一つは、このような組合の存在理由を発揮し難い事情があるからである。企業別組合は、正規従業員中心であったせいで、非正規従業員が増え、企業規模の大きい第二次産業が比重を低めるのにともない、労働組合の組織率が低下傾向を示すことになった。

(3) 関生支部の組織形態と活動の特徴

このような日本で支配的な企業別組合の弱点に照らすと、関生支部の場合、それを克服する形態を追求していると言える。多くの労働組合の微温的な交渉力ないし活動力と比較すると、関生支部の強力な交渉力は「過激」に見えてしまう。しかし、それは決して特別のことではなく、労働組合の交渉力を高める形態を追求し、労働組合のあるべき姿を実現していると見るべきなのである。

関生支部の組織基盤は、中小の生コン業者である。生コンは文字通り生もので、九〇分以内に建設現場に届ける必要があるため、生コン業者の工場（プラント）は小規模に分散する傾向を帯びる。互いに競争関係にあることから、小規模の業者の従業員だけで組合を結成しても、労働条件の維持・改善は難しい。このような事情から、関生支部は、企業の枠を越えて、生コン製造に関係する企業で働く運転手という共通の職業に基づき、個人で加盟する組合を結成するという組織形態に必然的に行き着いたのである。加えて、中小企業の生コン業者は、セメントメーカーとゼネコンの中間を担う業種であることから、生コン価格の交渉力が弱くならざるを得ない。そこで、業者自体が中小企業協同組合を結成して、共同受注・共同販売をすることで交渉力を獲得するという方向が目指された。この点は、競争を規制するという労働組合を結成するのと原理は共通している。関生支部が採用している組織形態と組合活動の方針は、置かれた環境の下で労働組合の本来的目標を追求して行き着いた結果なのである。

このように、関生支部の個性は、自らの労働条件を改善するには、業者が経営の安定を図る必要があり、それは業者の中小企業協同組合の組織率が上昇することと直結する関係に立つという認識を基礎に据えている点にある。このことからすれば、業者の組織化を進めるために関生支部が業者に働きかける活動は、自己の労働条件改善のための組合活動の一部を構成することになる。関生支部が使用者としての業者と利害の対立する行動をとる一方、業者の組織化や業者の取引相手との関係で利害を共通する関係に立つことから協力し合う（「一面共闘、一面闘争」）ことは、労働条件の維持・改善という労働組合の本来の目的を追求するための、まっとうな姿なのである。

(4) 検察の労働組合観

日本の労働組合が企業別を一般的な形態にしており、組合活動も企業内で止まる傾向にあることからすると、関生支部の活動の実際はなじみが薄く見える。おまけに、業者とも連携しているという独特の組合活動は、理解が容易でないのも当然である。もっとも、企業別組合であっても、所属する当該企業と協調することがあるわけだから、これと何ら異なるところはないと言うべきである。いずれにせよ、検察による関生支部の理解に問題があるのは、このような関生支部のあり方に独自性があって理解が簡単ではないからというより、そもそも労働組合という組織の理解ができていないことに原因があると考えられる。

そこで、まず検察が関生支部をどう性格づけているかを見ておきたい。検察によれば、「関生支部は、生コン業者を標的として、労使交渉などと称して過剰な賃上げ等を要求し、生コン業者がこれに応じないと、「スト」と呼ばれる生コン出荷を妨害する行為や、「コンプラ」と呼ばれる生コン業者や施工主に些細な法令違反を指摘して工事を妨害する行為をし、妨害行為を止めるための条件として、解決金等の名目で生コン業者に対して多額の現金の支払いを要求し、支出させることを繰り返しており、京都協組に加盟する会社に対しても同様の行為を行っていた」組織ということになる（本件と同一の検察官が担当する別件「近畿生コン事件」の「証明予定事実記載書２」（令和元年九月二〇日）二頁）。

このような関生支部の理解には、当該組合に所属する労働者の置かれた客観的事情を把握したうえで、法律上の定義に基づいて組織形態の選択の理由や活動の戦術を評価するという基本的な姿勢が欠けている。労働組合法は、労働組合を「労働者が主体となつて自主的に労働条件の維持改善その他経済的地位の向上を図ることを主たる目的として組織する団体」と定義づけている（二条柱書）のであるから、まずは、この定義に照らして、関生支部がどのような理由からどのような活動をしているかについて検討すべきである。このような思考プロセスを経ずに、そもそも関生支部を労働組合とは見ずに暴力団と同じ反社会的集団であるかの規定づけを与えているのである。むしろ、このような前提に立たなければ刑事立件できないことを証明しているとも言える。組合活動の断片から構成される団体観を判断の基礎に据えることは、労働団体法に関する議論においてしてはならないのである。

3　労働基本権の確立と法的核心

(1)　労働組合が法的に保護されるに至った近代法の歴史

労働組合が労働力の独占体であるとすると、労働組合の存在自体が「契約の自由」＝「取引の自由」への干渉を意味する。この点に照らすと、契約の自由が優先して尊重された近代市民法が確立していく歴史的段階では、社会の基本的秩序を侵害する存在として、労働組合が刑罰によって禁止されたのは当然とも言える。しかし、取引の自由には、取引を有利にするための知恵を凝らす自由も含まれているから、個々の労働者には自分の労働力を売らない自由があり、それを集めた存在が労働組合である以上、組合を結成することを刑罰の対象にすることはできないはずである。使用者も資本を集中させて大きな資本を形成しているのに、労働者の団体だけを刑罰の対象にするのは不公平だからである。

こうして、労働組合を結成することは刑罰の対象にならない法制度の段階に至った。もっとも、この段階では、使用者との駆け引きの圧力手段であるストライキは、契約の解除と法律的に説明することによって刑罰をまぬかれただけである。しかし、退職しなければストライキの契約上の責任を免れることができないというのでは、もともとより良い条件で働き続けるためにストライキをしていることと矛盾する。そこで、労働者が組合を結成し、生活を改善するために活動することは、その置かれた立場からして当然であるという理解が世界で広がってきた。それによって、労働組合を結成することはもとより、本来、使用者に損害をもたらすことを不可避とするストライキまでもが、基本的人権として認められ、損害賠償を免れるに至ったのである。ましてや、ストライキに至らないような日常的な組合活動が一層広く保護されることは当然である。それどころか、使用者が組合活動を否定したり、妨害したり、交渉に応じなかったりすれば、それらの行為は、不当労働行為として禁止されるに至るのである。日本国憲法二八条における労働基本権の内容は、このような世界の権利獲得の努力（憲法九七条）の到達点を示す象徴的な規定である。

ところで、労働基本権は、団結権、団体交渉権、争議権の三つを内容とする。しかし、労働基本権は、三つの権利の範囲が確定していて、それが束のように集まったものと捉えるべきではなく、「労働運動を保護する」ための権利（芦部信義『憲法（第七版）』岩波書店、二〇一九年、二八六頁）というべきである。単に、労働組合の結成や交渉を保護するといった、個別の権利に区分けして、それを集めた権利が労働基本権と見るべきではない。より包括的な「労働運動」という動的な存在に対して保護を及ぼすのが労働基本権の保障なのである。

(2) 労働基本権保障の核心的な内容――国家からの自由

このような労働基本権の形成の歴史を振り返ることにより、改めて認識すべき点は、この権利保障の核心的な内容は「国家からの自由」にあるという点である。国家は労働組合の結成や活動に干渉してはならないということを必須の要素として労働基本権は成立するのである。そして、国家からの自由ということは、国家だけが有する刑罰権からの自由も意味する。つまり、労働基本権の行使に刑罰が科せられてはならないというのが大原則である。

労働組合が国家から自由でなければならないことは、つぎのことからも言うことができる。すなわち、労働組合の目的は、労働条件の維持改善にあることは言うまでもないが、付随的活動として、社会的・政治的活動をすることがある。たとえば、労働基準法の改正など、労働者に関係する立法が行われる場合、それを組合として取り上げ、賛成や反対の行動を取ることがありうる。これは国を相手として争うことを意味する。

法律上も、このような組合活動を当然の前提にしている。すなわち、労働組合法では、労働組合とは「労働者が主体となつて自主的に労働条件の維持改善その他経済的地位の向上を図ることを主たる目的とする団体」であるが、「主として政治運動又は社会運動を目的とするもの」は労働組合とは言えないとしているから（二条柱書および四号）、労働組合が政治的・社会的活動を付随的に行うことは当然の前提にしているのである。もし国家が刑罰権をもって労働組合に介入できるということになれば、このような国家に対立する活動は牽制ないし暗黙の圧力を受けることになる。その意味においても、組合活動への刑罰権の発動は謙抑的でなければならない。民事免責まで認められるようになっているのであるから、その前の歴史的段階で用いられた責任追及の仕方である刑事責任についても、労働基本権が確立された段階にふさわしい修正が加えられるべきである。旧態依然とした発想の下で刑事責任を追及しているのが本件の特徴である。

(3) 労働紛争は労使自治による解決が基本

労働基本権の保障が国家からの自由を中核的な内容にしているということは、同時に、労使間で紛争が生じても、国家は中立を保持すべきことも意味する。紛争調整手続きでも、その点が前提になっている。すなわち、労働関係調整法では、労働関係の当事者は、労働争議が発生した場合、「誠意をもつて自主的にこれを解決するやうに、特に努力」することを求めている（二条）。そのため、広い意味では国家の一機関といえる労働委員会が労働紛争の調停や仲裁に乗り出すのは、両当事者の合意のある場合であって、強制的に介入することはしないのである。たしかに、最も介入の程度の弱い斡旋という手続きは一方当事者の申請で開始されるが、これも、申し出があった上で、労働委員会が紛争の解決のために援助を行うにとどまるのである。なるほど、公益事業の場合、調停・仲裁に付すことが義務づけられているが、これとても当事者が主体となって、合意を形成するように労働委員会が尽力する点に違いはない。

このように、現行法は、労働紛争が発生した場合、国家が警察権力を行使して介入せず、中立を維持して、労働委員会の手続きを利用しながら、労使自治の枠内で解決すべきという考え方を取っているのである。また、労働委員会という労使関係の専門的な機関であっても、第三者であるから、それは極力、労使関係への介入を控え、当事者の自主的な努力によって紛争が解決されるべきこととしているのである。ましてや、警察権力が介入するというようなことは最大限、差し控えられるべきことになる。

(4) 刑事責任を問う場合の基本的視点

団結に対して刑罰を科していた時代の法律に一九〇〇年の治安警察法がある。これは、今から一二〇年も前の法律であるが、その一七条（大正一五年法五八号で削除）で、組合結成そのものの禁止ではなく、団結ないし争議行為に伴う他人に対する暴行脅迫、誘惑、煽動を刑罰によって禁止していた。組合の結成やストライキをするために仲間に語りかけたものが処罰されたのである。

本法の下で立件された例に、ストライキを呼びかけたビラ配布が同法一七条違反を問われた事件がある（中山和久『ストライキ権』岩波書店、一九七七年、二〇頁）。弁護側は、問題の行為は「煽動」ではなく「勧告説得」しただけであり、さらに、「他人に対し」は特定の第三者であるべきだが、「不特定の労働者」に配布しただけであって構成要件に該当しないと主張した。大審院（戦前の最高裁に相当する）はこのような主張を認めなかった（大審院刑集第一巻三三九頁）が、注目すべき点は、治安警察法の下においてすら、このような法解釈が展開されたことである。

現行の労働組合法では、「正当な」組合活動に対して刑事責任を免責する規定があるが（一条二項）、労働組合法の前の旧労働組合法が制定される過程で、次のような議論のあったことも想起する意味がある。立法過程で指導的役割を果たした末弘厳太郎（東大法学部教授であった）は、もともと、労働組合法の立法に当たって、刑事責任を問うこと自体を排除する考え方をしていた。この影響の下で準備された旧労働組合法の当初の草案では、労働者の地位向上を目的とする労働組合法の精神に基づく労働組合のためにする組合員の行為に対して刑法は適用しないとしていた（中山・前掲書八二頁）。この草案は、そもそも刑罰法規の適用自体を排除したものであるから、構成要件の該当性や違法性を議論すること自体を否定するものであった。もっとも、この草案は、政府法案になる段階で修正され、現在の労働組合法の定めと同じ規定、つまり、「正当なもの」について、刑法三五条の正当業務行為に対する刑事免責の規定を適用する定めになったのであるが、重視すべきは、刑法の適用自体を否定する提案が当初は行われていたという事実および刑事免責を定める労働組合法一条二項には、刑罰規定の適用自体の濫用禁止の趣旨も含まれている（竹内（奥野）寿「第2次世界大戦後における労働組合法立法史」島田陽一ほか編『戦後労働立法史』旬報社、二〇一八年、五六四頁）という点である。

一方、労働組合法八条は、争議行為について、「正当な」場合に民事免責がある旨を規定している。もともとストライキは、契約上の労務提供義務を負っているにも拘わらず、それを履行しない行為であるから、その本質は債務不履行という違法な行為であって、正当か否かを問うまでもなく違法な行為のはずである。しかし、労働組合法八条は、そのような本来的に違法な行為に責任を免責することを前提に、なお正当ではないストライキがあれば、責任を問うこともある、という構造の条文なのである。違法な行為であるにも拘わらず、直接損害を被る使用者ですら損害を甘受しなければならないということの規定の存在に照らすと、社会一般の法秩序への侵害を問題にする刑事責任は当初から科せられないという理解、つまり構成要件に該当しないという有力な学説（外尾健一『労働団体法』筑摩書房、一九七五年、一六頁）は十分に説得力があるのである。

かりに、一定の組合活動が罰則規定の構成要件に該当することを認めたうえで、「正当な」場合に違法性が阻却されると考える違法性阻却説に立つとしても、議論の出発点は適法性＝正当性の推定でなければならない。つまり、刑事免責の承認は、歴史的に刑罰の対象とされてきた労働組合を、全体として刑罰の対象から除外することを意味していた（中山・前掲書八七頁）からである。これに関して、しばしば引証されるのがボクシングである。このスポーツは、「暴行」と「傷害」を内容にしているから、外形的には刑法の構成要件に該当する。もし、警察が介入できるとすれば、一発パンチが繰り出された段階で逮捕するべきことになる。しかし、そのようなことが行われないのは、ボクシングが全体として正当業務行為であると考えられているからである。労働組合の活動についても同様に考えるべきであって、外形的には刑法の構成要件に合致しているとしても、ある行動を捉えて直ちに逮捕するという手続きに出るのではなく、法定の紛争調整手続きの利用も含めて当事者の自主的努力をまつという謙抑的態度が求められるのである。労働組合の活動については、その社会的存在としての実態を全体として視野の中に入れつつ、目的と手段を合理的に評価すべきであって、もっぱら刑法の構成要件という枠の中に押しこめて評価する態度をとってはならないのである。

なお、「正当な」組合活動といえるかを判断するに当たっては、諸般の事情を問うことになり、その際、時代の社会意識から事実上影響を受けることは避けがたい。「自己責任」が強調され、相変わらず同調圧力の強い日本社会では、要求することを出過ぎた行為とみなし、控えめで大人しい態度に仕向けられる風潮がある。この風潮の下で、関生支部の組合活動の一部を切り取って暴力的な姿を印象付けるネット情報が流布されれば(「シンポジウム「関西生コン事件」を考える」労働法律旬報一九六三号一八頁、竹信三恵子発言)、思い上がった身勝手な行動をしている労働組合と受け止められる可能性がある。警察・検察も、このような社会意識を見て取って、刑事立件に走ったと考えることができる。団結活動の正当性の法的評価は短期的な社会の風潮に影響されて行ってはならず、長年の権利行使の歴史で蓄積されてきた規範的内容を踏まえるべきである。

4　組合活動の目的と基本課題

(1) 労働組合は要求するための団体——要求を提示する場としての団体交渉

個々の労働者は使用者との間で不平等な立場に置かれている。それを対等な立場に転換させ、労働条件を交渉することができるようにする権利が、団体交渉権である。したがって、団体交渉を行わない労働組合はその存在理由がないと言ってよい。団体交渉は、話し合いを内容とするものであるから、相手なしには行うことはできない。言い換えれば、団体交渉を権利として認めることは、交渉の相手である使用者に様々な義務を課すことを意味する。この点で、労働者だけで可能な団結権や争議権の行使とは違って、団体交渉権は特殊な性格の権利である。話し合いに応じることが義務づけられるのは、団交を拒否することが組合を話し合いの相手として認めないこと、つまり組合の存在自体を否定するという根本的な組合無視を意味するからである。

労使関係においては、労働条件に不満がある場合、使用者にお願いして解決してもらうというような微温的な態度では効果はない。そして、団体交渉は、あるとき自然に労使の会話が開始されるようなものではなく、団交応諾の要求という申し入れが前提になる。したがって、団交応諾を申し入れる行動も団体交渉の一部をなすのであって、団体交渉権の行使ということができる。

労働条件を巡って行われる話し合いである団体交渉は、利害が真正面から衝突する場面であるから、きわめて厳しいやり取りが行われることになる。時に机を叩くとか、怒号が飛び交うことになる。茶室での会話とは全く次元の違う世界での言葉のやり取りが展開されるのも珍しいことではない。また、団体交渉の方式に限定はないのであって、テーブルを挟んで会社の役員と組合の委員長とが向かい合う話し合いばかりではない。個別のテーマに応じて臨機応変に交渉に臨むことも団体交渉権の行使に該当する。そして、話し合いである以上、互いの態度や回答の内容に応じて、多様なやり取りになるのは、事柄の性質上、当然のことである。通常の市民生活における会話の尺度で団体交渉を評価してはならないのである。

(2) 労働組合の要求は「義務なきこと」の要求が本質

労働組合の目的は、労働者の労働条件の維持改善である。労働条件は、極めて広い概念であって、あれこれに限定することは難しい。労働組合から提出される要求は、一様ではなく、経済状況、社会状況からも影響を受ける。その中で、最も典型的な要求は、賃金の引上げである。これを要求する時点では、まだ使用者には何の義務も発生していない。要求して実現することは、使用者との間で「新たな義務を創造する行為」なのである。そして、賃金引上げの合意が成立すれば、その合意を定める労働協約の内容が労働契約の内容になり、引上げた賃金を支払う使用者の義務が発生する。もともと、労働条件の改善を要求するということは、「義務のない状態」から「新たな義務の創造」をする行動であるから、それを「義務のないことを強要した」として犯罪の対象にしたら、およそ労働組合の存在理由もなくなってしまう。

戦前の治安警察法一七条三号では、労働条件に関して相手方に承諾を強いる行為も禁止していたが、これでは団体交渉は成り立たない。「義務のないことを強いた」として強要と評価する立論は、これと異ならない議論である。なぜなら、賃上げ要求をする場合、使用者の譲歩を獲得するために、通常は、業務の正常な運営を阻害することになるストライキを実行することを組合で決定し、そのことを使用者に伝え、圧力を掛けつつ交渉に臨むからである。ストライキの実行も想定しながら行われる言葉のやり取りが激烈であるのは、利害の対立が激しいのであるから、当然のことである。そして、このように圧力をかけて交渉することを強要と評価するのでは、団体交渉権の保障は意味をなさないことになる。

(3) 雇用確保の組合活動

労働組合の要求事項の典型は、賃金や労働時間であるが、そもそも、雇用が確保されていて初めて賃金や労働時間が問題になることを考えれば、出発点は雇用の確保にある。この課題に取り組むことは、組合の最も基本的な役割である。関生支部の場合、労働組合に認められている労働者供給事業を運営することで、組合員の雇用を保障することと組合員の拡大を両立させているが、これも労働組合が雇用の確保を重要な目的にしていることの証左である。

ところで、配転や解雇などの個別の人事が団体交渉の義務的交渉事項となることは、広く承認されている。むしろ、個人加盟のコミュニティ・ユニオンやゼネラル・ユニオンの場合、解雇された労働者が駆け込み寺としてこれらの組合に加入し、その解雇をめぐって使用者と交渉することが組合の存在理由とすらなっている。関生支部は、正社員化要求を課題としているが、これは、もともと関生支部の組合員に日々雇用の労働者が多いからである。本件で関生支部が正社員化要求を第一に掲げたのは、けだし当然のことである。

5 「加茂生コン事件」判決の問題点と法的課題

最後に、本件判決の問題点について、刑法学的な見地からではなく、労働法学上の観点から、三点に絞って検討しておきたい。

(1) 団体交渉権の射程はどこまでか

団交権が憲法上保障され、不当労働行為制度でも保護されているから、使用者が団交応諾義務を負うのは当然ある。したがって、検察も、団交応諾を要求することは認める。しかし、要求書の内容を突き付けたら、それは「義務のないこと」を要求する強要に当たるとした。判決では団交の開催を求めた一連の訪問を「単に団体交渉の申し入れの初期の段階」とし、要求項目の説明も容認する一方で、要求内容を発言すると要求したことになるとして、検察と同様の発想をしている。

しかしながら、一般に団交要求は、開催日時などを示した書面を渡して終わりというようなものではない。要求を提出した段階で、これを飲まなければ直ちにストライキに突入するというような要求の仕方をすれば格別、そうでなければ、団交を要求する場で要求を飲むように訴えることは特別のことではない。検察も判決も、「義務なきことを要求した」という強要罪の要件に該当するか否かの判断に囚われ、労使関係の実際から外れた判断をしている。

とはいえ、このような判断を許しているのは、団交権論の不十分さの反映でもある。これまでの学問的関心は、団交に応じる義務はあっても要求を飲む義務まではないこと、交渉が行き詰まったら争議行為に訴えればよいこと、団交拒否が不当労働行為に当たるためには、義務的交渉事項であること、などのほか、団交応諾の仮処分の可能性、団交に応ずべき地位確認請求や損害賠償の可否などに向けられてきた。

しかし、そもそも交渉のテーブルに着こうとしない使用者に対抗する法理はいかなるものかが問われている。とくに近年、個別労働紛争を担う地域労組の役割が高まっているが、この場合、組合員が分散し、個々の企業でのストライキが威力を発揮しにくいという事情がある。そうであれば、いきおい団交自体の重要性が高まるから、とくに誠実団交義務の充実が理論課題になると言える（木南直之「労働組合の概念、意義、機能」日本労働法学会編『労働法の基礎理論』日本評論社、二〇一七年、一五六頁）。もっとも、サプライチェーン化や非正規労働者のワンオペが広がっている状況の下では、労働条件改善が消費者としての世論の共感を得られるようになっていることから、一部のストで大きな効果を発揮できる可能性がある点も看過すべきではない（今野晴貴・藤田孝典編『闘わなければ社会は壊れる』岩波書店、二〇一九年、一〇六頁以下）。

(2) 就労証明書の交付義務――「ワーク・ライフ・バランスの理念」との関係

本件では、団交要求の過程で、就労証明書の交付を求めることが主要な要求事項になった。そこで、この交付を求めることが「義務なきことを強いたのか」が問われ、この交付義務が使用者にあるかが争点となった。

この点について、検察側は、使用者が交付を義務づけられているのは、労働基準法二二条の退職証明書だけであると主張したので、当初、弁護側は、就労証明書の交付は労働契約法三条四項の信義則上の義務であると主張した。その後、事業主の子ども・子育てに対する協力義務を定める子ども・子育て支援法四条を援用して、主張を補強した。これに対して、判決は、同協力義務は抽象的・一般的義務であり、これを否定しても同法の趣旨に反しないとした。

しかしながら、就労証明書の交付義務は、労働契約法三条三項の、ワーク・ライフ・バランスの実現ための使用者の協力義務と考えるべきである。この規定は理念を謳ったものであるが、それが育児・介護休業法四条および二四条において具体化されていると言うべきである。本法では、育児に関して、育児休業以外にも、所定外労働、時間外労働、深夜業などの制限、看護休暇の付与など、使用者に負担となる措置を義務づけている。これらの義務は、措置を講ずる努力義務であるが、単なる訓示規定ではなく、あくまで法的な義務である。これらと比較すれば、就労証明書の交付は些細なことであり、この程度の措置を講じる義務は、その有無を論じるまでもないと言うべきである。検察も判決も、強要罪の要件である「義務なきこと」に該当するかに拘泥し、その義務を法律上明確な規定のある場合に限定しているが、労働関係では、様々な付随義務が信義則上認められるものであって、これを認めることで労働関係の円滑な展開が保証される。いかに刑罰法規は厳格に解釈されるべきだとしても、ワーク・ライフ・バランスを可能にするように労働条件を設定することが労働契約法三条三項で定められている現在では、明文になくても育児に必要な協力をすることは使用者の基本的な法的義務と言うべきである。

(3) 自力救済の否定と労働事件の審理の在り方

判決は、就労証明書の交付要求中に会社役員が体調不良に陥って以降も組合員が要求を続けたことが脅迫に当たるとした。そして、どうしても使用者が要求に応じなければ法的手段に訴えるべきで、それ以上、要求を通そうとすることは正当な組合活動ではないという。

たしかに近代社会では、自力救済（自救行為）は原則として禁止され、この原則を担保するため、憲法上、裁判を受ける権利が保障されている（三二条）。しかしながら、裁判所や労働委員会などの法的手段を利用することは、時間と費用の点で労働者には困難である。労働基本権の保障には、業務阻害を本質とする争議行為で圧力をかけて交渉することが含まれている点に見られるように、自力救済的行動の承認が本来的にインプットされていると言うべきである。

このような観点からすると、判決が「裁判所に訴えるべき」というのは、自ら法的判断の任にふさわしくないと言っているに等しい。わが国の裁判は民事事件と刑事事件に分けられるが、刑事事件として裁判手続きに乗せられると、主として犯罪の構成要件に当てはまるか否かの審理になり、どうしても労使関係の諸事情は違法性の阻却事由として二次的に判断されがちになる。

例えば判決では、脅迫に当たるのは会社役員が体調不良になってからとしたが、この体調不良は、関生支部が市役所に電話して、廃業予定でも就労証明書を出してほしいという返事を受けたので、それを確認するよう会社役員に求めて架電している最中に起きたものである。もし、組合に不利な電話の内容であれば、わざわざ確認させるようなことはしないから、就労証明書を出すべきであるという回答であったと推認できる。これを会社役員が耳にして窮地に陥り体調不良になったのではないかと疑われる。これが事実なら、脅迫行為の成否と、その後の事業廃止の監視活動を就労証明書の要求行動と見る判決の立場にも影響してくる。会社役員とは繰り返し面談してきた間柄であり、一般の市民生活での市民同士での出来事ではない。労働組合の行為は「労使関係の土俵」に据えて判断すべきである。

判決が、偽装廃業を疑った監視活動を就労証明書の交付のための圧力と見るのも、体調不良以降の行為だけで重罰を科すのは無理と判断したからではないかと疑われる。この会社の組合員は一人であるから、この非対等性をカバーするために組合に加入したし、偽装廃業であれば、関生支部としては抗議行動や就労要求などもしなければならないから、廃業の監視なら一人で足りるはずだというのは組合運動の現実とずれた見方である。

また、就労証明書について、結果として別の申立書の提出によって入園申請が受理されたから、それでも交付を追求することは行き過ぎであるという発想も、不当労働行為の無理解と言わざるを得ない。不当労働行為は、使用者が経験的に繰り返してきた反組合的な行為を類型化して、労使関係から排除することを目的にしている。そのためには、使用者に不当労働行為であることを認識させ、今後は繰り返さないという約束を得て、不当労働行為のなかった状態に戻す必要がある。判決には、もはや救済利益がなくなったかの発想が見られるが、不当労働行為があったという事実は消えないのである。かつて旧労働組合法の時代には、不当労働行為は犯罪とされたが、そのような法的評価を受けるべき行為を追及する側が犯罪者とされるのは不公平である。

労働事件は、一般の市民間の紛争ではないのであるから、まずは刑事事件にすること自体を謙抑し、かりに刑事裁判に乗せるにしても、構成要件への当てはめに終始することなく、労使関係の実態を十分に吟味する審理がなされねばならない。

6 労働基本権の発展の課題

労働基本権は、今日、憲法上の確固とした保護を受けている。この到達点は、「人類の多年にわたる自由獲得の努力の成果」(九七条)であって、ひとり日本人の努力だけで実現したものではない。そうであれば、進展するグローバル化の下では、日本での権利の後退は、他国の労働者にも影響する。憲法に書き込まれているからと言って、安心できないことを関西生コン事件は教えている。

八〇年代以降の「新自由主義」は、市場の自由度を増すために「取引の自由」への障害となる労働組合を嫌悪する傾向を帯びている。自由経済では国家は市場への介入を抑制するため後景に退くはずだが、市場を「攪乱」する要因と見れば権力を発動する。「新自由主義」は、登場する時代に違いがあるだけで、「自由主義」の支配した近代と同じく、警察としての国家の役割を放棄したわけではない。「新自由主義」の様々な動向に対して問題の指摘を続けることが重要である。

大阪ストライキ事件判決批判
――産業別労働組合についての無知・無理解

弁護士・元日本労働弁護団会長
宮里邦雄

はじめに

二〇一八年七月以降、全日本建設運輸連帯労組関西地区生コン支部（以下、関生支部と略す）の団体行動に対し、大規模な刑事弾圧が加えられた。「威力業務妨害」「強要」「恐喝」等が逮捕・起訴の理由であるが、その実態は、いずれも、関生支部のさまざまな団体行動・組合活動を刑事罰を科すべき違法な活動であることを前提としたものであった。

二〇二〇年一〇月八日に言渡された「大阪第二次事件」についての大阪地裁判決（刑事一一部）は、かかる関生支部に対する一連の刑事弾圧の第一号判決であることから、起訴された威力業務妨害罪の成否を判断するにあたって判決が産業別労働組合としての関生支部の一連の団体行動・組合活動についての正当性についてどのような法的判断をするかが注目されていた。

判決は、威力業務妨害罪を構成する「罪となるべき事実」を認定し、団体行動としての正当性を否定して威力業務妨害罪の成立を認めた。

しかし、後述のとおり、威力業務妨害罪の成立を容認した本判決には、関生支部の産業別労働組合としての団体行動に対する正当性評価において基本的かつ重大な誤りがあり、このことが威力業務妨害罪の成立を安易に肯定する結論につながっている。

本判決は、関生支部組合員の団体行動にかかわって起訴された組合員一〇名のうち二名についてのものであるが、他の組合員八名については本件と分離され（「大阪一次事件」）、大阪地裁刑事八部で審理されていたが、二〇二一年三月一五日言渡の判決は本判決同様に威力業務妨害罪の成立を認めた。

本稿では「大阪第二次事件」判決を中心に論じ、「大阪第一次事件」については、補足的に言及することとする。

1　判決の内容

(1)　判決の認定した「罪となるべき事実」

判決は以下のとおり、四件の威力業務妨害の「罪となるべき事実」を認定した。

「1　被告人両名は、関生支部執行委員長A、関生支部副執行委員長B、関生支部執行委員C、同D、関生支部組合員E、同F、同G、同H及び他の関生支部組合員らと共謀の上、株式会社植田組運送店（以下、「植田組」という。）のバラセメント輸送業務を妨害しようと考え、平成二九年一二月一二日午前六時四八分頃から同日午後九時三八分頃までの間、大阪府大阪市港区海岸通四丁目二番二三号宇部三菱セメント株式会社大阪港サービスステーション北側出入口付近又はその周辺路上において、植田組が運行する粉粒体運搬車の前面に立ちはだかるなどして同車の大阪港サービスステーションへの入場及び同所からの出場を阻止し、もって威力を用いて植田組の業務を妨害し、

2　被告人両名は、A、Bらと共謀の上、大阪府大阪市西成区津守三丁目六番一号所在の株式会社中央大阪生コン（以下、「中央大阪生コン」という。）の生コンクリート出荷業務を妨害しようと考え、平成二九年一二月一二日午前七時一一分頃から同日午前九時八分頃までの間、同所正面出入口付近において、関生支部組合員が運転する生コンクリート輸送車両を同出入口前路上に停車させたり、Bら及び他の関生支部組合員が同所出入口付近に立ちはだかるなどして、中央大阪生コンが出荷等のために使用する生コンクリート輸送車両の中央大阪生コンへの入場及び同所からの出場を妨害し、もって威力を用いて中央大阪生コンの業務を妨害し、

3　被告人両名は、A、Bらと共謀の上、植田組のバラセメント輸送業務を妨害しようと考え、平成二九年一二月一三日午前六時五三分頃から同日午後四時八分頃までの間、大阪港サービスステーション北側出入口付近又はその周辺路上において、植田組が運行する粉粒体運搬車の前面に立ちはだかるなどして同車の大阪港サービスステーションからの出場を阻止し、もって威力を用いて植田組の業務を妨害し、

4　被告人両名は、A、Bらと共謀の上、ダイワN通商株式会社（以下、「ダイワN」という。）のバラセメント輸送業務を妨害しようと考え、平成二九年一二月一三日午前九時六分頃から同日午前一〇時三二分頃までの間、大阪港サービスステーション北側出入口付近において、ダイワNが運行する粉粒体運搬車の前面に立ちはだかるなどして同車の大阪港サービスステーションへの入場を阻止し、もって威力を用いてダイワNの業務を妨害した。」

(2) 団体行動の正当性についての判断

弁護人は、本件について、①組合員らの行為は、いずれも威力に当たらず、業務妨害罪の構成要件該当性がない、構成要件該当性が認められたとしても、労働組合法一条二項および刑法三五条の正当行為であると主張したが、判決は以下のとおり述べて、正当行為性（違法性阻却）を否定した。

「判示各実行行為は、走行するバラセメント車又はミキサー車の前方に立ちはだかり、その周りを取り囲むなどして、植田組及びダイワNのバラセメント輸送業務並びに中央大阪生コンの生コン輸送業務を妨害したものである。また、関生支部組合員らは、植田組関係者や中央大阪生コン関係者との間で、時折声を荒げたり、もみ合いになったり、押し合いになったりする場面が生じている。判示各実行行為の態様は、前記各業務を強烈に阻害するものであったと認められる。

また、そもそも、本件で被害に遭った植田組及び中央大阪生コンには関生支部組合員が存在しない。証拠上、中央大阪生コンが近酸運輸との間で専属輸送契約を締結していたと認めることもできない（仮に専属輸送契約があったとしても、中央大阪生コンと近酸運輸の労働者との間に労使関係が認められるものでもない。)。このようにみると、植田組及び中央大阪生コンのいずれについても、関生支部による争議行為の相手方となる使用者ではない。なお、植田組及び中央大阪生コンには、実質的な労使関係を認め得るような関生支部組合員の存在はうかがわれない。

このように、業務妨害行為の態様が強度であること、植田組及び中央大阪生コンは、関生支部との関係で争議行為の対象となる使用者とはいえないことに照らせば、判示各実行行為が正当行為としてその違法性が阻却される余地はない。」

2　判決に対する批判

(1)　威力業務妨害罪成立・重罰判決の背景

威力業務妨害罪（刑法二三四条）は威力を用いて人の業務を妨害した場合に成立し、刑罰は、三年以下の懲役または五〇万円以下の罰金である。本判決は、被告人両名について威力業務妨害罪の成立を認めたのみならず、執行猶予付とはいえ、罰金刑ではなく、懲役二年六カ月の重罰判決であった。

何故このような判決となったのか。その背景に、本件事案を判断するにあたって、起訴された関生支部組合員らの争議行為（団体行動）が産業別労働組合の活動であることについての裁判所の無知・無理解があったと言わざるを得ない。

判決は、本件の組合員らの行動が正当な行為として違法性が阻却されるか否かを判断するにあたって、「そもそも、本件で被害に遭った企業には関生支部組合員が存在しない」、したがって、被害企業は、関生支部による争議行為との関係で争議行為の相手方となる使用者ではなく、「関生支部との関係で争議行為の対象となる使用者とはいえないことに照らせば、組合員らの行為が正当行為としてその違法性が阻却される余地がない。」と判示する。

すなわち、組合員不在→使用者性なし→争議行為の正当性について論ずる余地なし、というのが、威力業務妨害罪の成立を肯定し、有罪判断した本判決の採った根幹の論理である。

企業別労働組合が争議行為を行ない、ピケットなどを張ったことについて、行動に参加した組合員が本件と同じように「威力業務妨害罪」で起訴された事例は少なくない。そのような事例において、従来裁判所は、争議行為の目的の正当性、争議手段の正当性について判断し、正当行為と判断されれば、「威力」を示す行為があったとして構成要件該当性を肯定するとしても、結論としては違法性を否定し、威力業務妨害は不成立・無罪と判断するのが通例である。

しかし、本判決は、前述のような論理で、本件行動が産業別労働組合の方針に基づき、産別組合に結集する組合員が行なった団体行動であることを頭から無視し、あたかも何の関係もない第三者に対して組合が業務妨害を企てた行為ととらえ、正当性を論ずる余地はないとしているのである。言い換えれば、ここには組合員らの行動を団結権・団体行動権保障（憲法二八条）に基づく権利行使としてとらえたうえで、目的および行為態様に照らして、その正当性を判断するという視点は全く欠落している。

(2) 企業別労働組合的視点から産業別労働組合の団体行動を評価

我が国においては産業別労働組合は少ないが、いうまでもなく、産業別労働組合も企業別労働組合と同様、憲法二八条および労働組合法により、団体行動権を保障される。産業別労働組合の目的は、当該企業との関係で労働条件の維持向上を図ることを目的とする企業別労働組合とは異なり、企業の枠を超え、当該産業で働くすべての労働者の利益を代表し、特定企業に現に組合員がいるか否かにかかわらず、広く労働者の労働条件の維持・向上、当該産業の健全な発展を目指して活動を展開するところに特徴がある。もし当該産業にコンプライアンス上の問題企業があれば、組合員の有無にかかわらず、産業別労働組合の活動が当該企業に向けられることは当然である。本判決がいうように、組合員不在の企業は使用者ではないとの形式論理で、産業別労働組合の争議行為は、およそ正当性判断の俎上にすらのせないというのは、産業別労働組合に対するはなはだしい無理解であり、産業別労働組合の実質的否定、さらには産業別労働組合の団体行動権保障の否定という点で、憲法二八条違反のそしりを免れない。

労働組合の団体行動は、団結の示威、団結を背景とする一定の威力の行使を伴うのが通例である。本件判決が「罪なるべき事実」において掲げる「威力」なるものも、団体行動権の行使という点から検討すれば、その評価の、そして結論は異なる可能性は十分にあるというべきである。

たしかに、わが国の集団的労使関係の主流は企業別労働組合と企業間の労使関係であるが、企業別労働組合があるべき労働組合の組織形態というわけではない。

憲法二八条の団結権保障は、団結の形態について何らの制約を設けず、労働者の団結の自由に委ねている。労働組合法においても同様である。

労働者の団結のあり方、労働組合の組織形態には、企業別組合、職種別組合、産業別組合等さまざまな形態があり、すべて憲法、労働組合法によって平等にその団体行動権が保障されているのである。

労働組合が行なう団体行動も、その組織形態の違いによって異なる。産業別労働組合には、産業別労働組合としての役割・目的に照らした企業別労働組合とは異なる独自の団体行動があり得る。本件行動も、当該産業に属して働くすべての労働者の結集をはかり、すべての企業の労働者を組織対象とする産業別労働組合の団体行動として展開されているのであり、「組合員不在」をもって団体行動それ自体が制約されるとする法的根拠はない。

本件団体行動の正当性の判断にあたっても、この点は、十分に考慮されるべきであり、企業別労働組合の団体行動基準、あるいはその団体行動規範をもって、産業別労働組合の団体行動を評価することになれば、産業別労働組合の団体行動は団体行動権として逸脱しているとの判断に至りかねない。

本判決の正当性否定の論理は、企業別労働組合的視点から、産業別労働組合の団体行動を評価したことによるものといわざるを得ない。

労働組合の組織形態についての望ましいあり方についてどのような見解を持つかは自由であるが、しかし、その見解が、憲法二八条の団体行動権保障についての誤った認識を招き、刑事責任の有無という重要な基本的人権の侵害にかかわる法的判断を左右することはあってはならない。

(3) 憲法二八条の保障する団体行動権を著しく狭める判断

刑法三五条は、「法令又は正当な業務による行為は、罰しない」と定め、これを受けて労働組合法一条二項は、「刑法三五条の規定は、労働組合の団体交渉その他の行為であって、前項に掲げる目的を達成するためにした正当なものについて適用があるものとする」とし、労働組合の正当な行為については違法性を阻却することを定めている。

このいわゆる刑事免責の規定は、労働組合法が創設したものではなく、憲法二八条の団体行動権の保障を確認したものとされる。

労働組合の団体行動についての刑事責任は、常にこの刑事免責の基本原則に立ち帰って判断されなければならない。

労働組合の団体行動について、これまでの判例は、結論の当否は別として、団体行動権の行使ととらえたうえで、当該団体行動の目的の正当性と手段の相当性の両面から検討し、目的が正当であり、手段が相当であれば違法性が阻却されるとの判断手法をとっている。

しかし、本判決は、前掲のとおり、実行行為の相当性については判示しているが、その目的の正当性については何らの判示もしていない。目的の正当性と手段の相当性は相互に関連するものであり、目的の正当性について何らの判断をせず、手段の相当性についてのみ判断をしたのは、労働組合の団体行動の正当性に関する判断として極めて偏頗なものといわなければならない。

このような判断手法を採ったのも、帰するところ、本件団体行動は、「使用者」に対するものではないという極めて狭い団体行動論、結果として産業別労働組合の団体行動権否認論に基づくものであるといえよう。

そもそも、労働組合の団体行動の対象となる企業は、団体交渉の相手方となる使用者、不当労働行為責任を負う労働組合法七条の使用者に限られるという法的根拠はない。団体行動権は団体交渉権を補完するものではない。団体行動権には独自の意義があり、団体交渉権と団体行動権は区別されるべきであり、団体交渉権を有しないから、団体行動権も認められるべきでないという考え方は、憲法二八条の保障する団体行動権を著しく狭めるものであり、憲法二八条に反する。

労働組合法一条二項も「労働組合の団体交渉その他の行為」と定めて、刑事免責の対象は、「団体交渉」に限っていない点に留意すべきである。

本有罪判決は、裁判所の産業別労働組合の役割とその団体行動権に対する法的無知・無理解が生み出したものというべきである。

また、加えていえば、刑罰についても、罰金刑でなく、懲役刑を選択し、しかも懲役二年六カ月という重罰を課したのも、被告人らの行動は、労働組合の団体行動ではないとする誤った見解に基づくものであったといえよう。

このことは、判決が「量刑の理由」として、「本件犯行は、多数の組合員が組織的・計画的に行動したもので悪質である」と述べているところからも推察される。

3　大阪第一次事件判決についての補足

大阪第一次判決も、本判決と同様の事実を認定したうえで、組合員らの団体行動としての正当性を否定した（その量刑も、執行猶予付ではあるが、懲役二年、懲役一年六カ月という重罰判決である）。判決がその理由としてあげているのは、①「組合員不在論」、②「平和的説得論」、③「使用者性否定論」である。

①は、本判決と共通しており、判決は、関西支部組合員がいないところでの被告人らの行為は、「説得活動として大きく限度を超える」とし、②のおよそ実力行使は許されないとする判断につながっている。

また、判決は、③のとおり、団体行動の対象となった中央大阪生コンは「使用者」にあたらないとして、このことを正当性を否定する重要な根拠としている。

この点も、団体交渉の相手方となる使用者でなければ、団体行動も否定されるかの如き考え方に基づくものであり、団体行動権、わけても産業別労働組合のそれを著しく制約するものとなっており、大阪第二次事件判決についての前述の批判があてはまる。

［編著者紹介］

連帯ユニオン（正式名称：全日本建設運輸連帯労働組合）

小谷野毅（こやの・たけし）　全日本建設運輸連帯労働組合書記長

熊沢　誠（くまざわ・まこと）　甲南大学名誉教授。著書に『新編・日本の労働者像』（ちくま学芸文庫）、『能力主義と企業社会』『格差社会ニッポンで働くということ』『働きすぎに斃れて』『労働組合運動とはなにか』（岩波書店）など。

吉田美喜夫（よしだ・みきお）　立命館大学名誉教授。著書に『タイ労働法研究序説』（晃洋書房）、『労働法Ⅰ』『労働法Ⅱ』（共著、法律文化社）、『人の国際移動と現代日本の法』（共著、日本評論社）など。

宮里邦雄（みやざと・くにお）　弁護士。元日本労働弁護団会長。著書に『労働委員会』『労働組合のための労働法』（労働教育センター）、『労働法実務解説12　不当労働行為と救済』（旬報社）など。

検証・関西生コン事件①

挑戦を受ける労働基本権保障

一審判決(大阪・京都)にみる産業別労働運動の無知・無理解

二〇二一年四月一五日　初版第一刷発行

編著者……連帯ユニオン(小谷野毅)
著者……熊沢 誠・吉田美喜夫・宮里邦雄
装丁……佐藤篤司
発行者……木内洋育
発行所……株式会社 旬報社
〒一六二-〇〇四一 東京都新宿区早稲田鶴巻町五四四
TEL 03-5579-8973　FAX 03-5579-8975
ホームページ http://www.junposha.com/

印刷・製本……中央精版印刷 株式会社

ISBN978-4-8451-1697-3

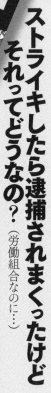

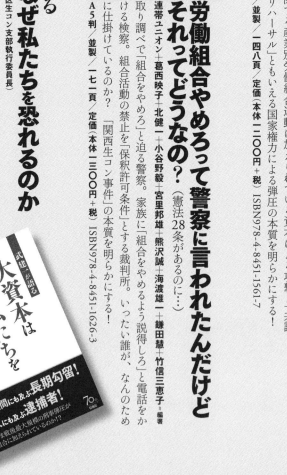

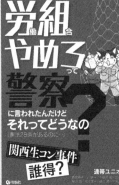